웹소설 작가로 데뷔하기 — 현대로맨스 편

웹소설 작가로 데뷔하기_현대로맨스 편

마미 **지음**
초판 1쇄 발행일 2025년 9월 22일
펴낸이 이숙진 **펴낸곳** (주)크레용하우스 **출판등록** 제1998-000024호
주소 서울 광진구 천호대로 709-9 **전화** (02)3436-1711 **팩스** (02)3436-1410
인스타그램 @bizn_books **이메일** crayon@crayonhouse.co.kr

* 빛은책들은 재미와 가치가 공존하는 ㈜크레용하우스의 도서 브랜드입니다.
* KC마크는 이 제품이 공통안전기준에 적합하였음을 의미합니다.

ISBN 979-11-7121-203-3 04800

웹소설 작가로 데뷔하기
현대로맨스 편

므므 지음

빚은
책들

들어가며　　8

1장 웹소설 안으로 들어가 보자

1. 웹소설, 대체 뭘까?　　14
2. 현대로맨스, 뭐가 그렇게 매력적일까?　　18
3. 꿈DREAM으로 배우는 현대로맨스 쓰는 법　　24
4. 희망HOPE으로 다지는 작가의 기본 체력　　28

2장 웹소설, 이야기는 어디서부터 시작될까?

1. 아이디어 발굴과 소재 개발　　34
2. 소재 찾기 첫걸음　　39

3장 클리셰와 키워드, 뻔해서 더 좋은 이야기

1	독자가 좋아하는 클리셰의 힘	49
2	작품을 빛내는 한 단어, 키워드	53
3	유행을 읽는 습관, 감각을 쌓는 방법	58

4장 실전1: 이제 본격적으로 써볼까?

1	마인드맵으로 이야기 흐름 잡기	64
2	내 캐릭터, 어떻게 만들면 좋을까?	76
3	사건은 감정으로부터 시작된다	87
4	플롯 설계, 이렇게 하면 쉽다	95
5	시놉시스, 줄거리보다 더 중요한 그 한 장	102

5장 실전2: 장면이 살아 숨 쉬게 만드는 기술

- **1** 누가 이야기하느냐, 시점의 마법 — 123
- **2** 말하지 말고 보여줘 — 126
- **3** 머릿속 장면을 꺼내는 이미지 트레이닝 — 129
- **4** 연출력으로 장면 살려내기 — 134
- **5** 묘사력: 인물, 배경, 감정 묘사 — 140
- **6** 독자의 마음을 붙드는 문장 쓰기 — 163
- **7** 분위기, 대사, 내면 표현의 삼박자 — 169

6장 완결까지, 작가의 마지막 손길

- **1** 고치고, 다듬는 힘, 수정과 퇴고 — 178
- **2** 데뷔하기: 투고와 연재, 어떤 길을 선택할까? — 184

마무리하며 192

부록

QnA	웹소설 쓰는 법을 배우고 싶어요.	194
QnA	자료를 어디서, 어느 정도나 찾아야 하나요?	195
QnA	제가 쓰는 모든 글이 항상 비슷한 것 같아요.	198
QnA	이야기의 라인이란 무엇인가요?	200
QnA	알아두면 유용한 문장 부호가 있나요?	206
QnA	연재를 계속할지 중단하고 새 작품을 쓸지 고민이에요.	207
QnA	글을 쓸 때 필요한 장비가 뭐가 있을까요?	208
QnA	요즘 가장 핫한 AI 활용, 어디까지 가능할까요?	208
QnA	꾸준히 글을 쓰게 해주는 마미 작가의 루틴은?	209

들어가며

소설은 작가의 상상력을 바탕으로 한 허구의 이야기로, 성별, 나이, 직업 등을 막론하고 누구나 원하는 내용을 골라 읽을 수 있는 문학 양식입니다. 과거에는 종이책으로만 읽을 수 있었지만, 현데 과학의 발전으로 언제 어디서나 손쉽게 소설을 읽을 수 있습니다.

최근에는 대중적인 소재, 빠른 전개, 모바일 환경에 최적화된 문장 등을 특징으로 하는 웹소설Web novel이 큰 인기를 얻었습니다. 그러면서 많은 웹소설이 웹툰, 드라마, 영화, 게임 등의 2차, 3차 창작물로 작품의 지식재산권IP: Intellectual Property 범위를 점점 넓혀가고 있습니다.

이런 웹소설이 등장했을 때 가장 인기 있었고, 지금도 인기 있는 장르가 '현대로맨스'입니다.

저 또한 현대로맨스로 웹소설을 처음 접했고, 10년 넘게 현대로맨스 작가로 활동하고 있습니다.

현대로맨스는 우리가 사는 현실적인 배경 속에서 매력적인 캐릭터들이 일상과 환상, 공감과 대리만족 사이를 오가는 독특한 매력의 장르입니다. 웹툰뿐만 아니라 드라마나 영화 등 실사화되는 비율도 비교적 높은 편입니다.

그러나 이 장르에서 작가로 살아남기는 쉽지 않습니다. 웹소설을 쓰는 사람 중에 현대로맨스 장르의 작가가 가장 많고, 배경 및 캐릭터의 진입 장벽이 낮아서인지 도전하려는 이들도 많습니다.

현대로맨스 작가로서 생존하려면 치열하게 경쟁해야 합니다.

그래서 꼼꼼한 준비가 필요합니다.

웹소설 쓰는 법을 알려주는 강의나 책은 많습니다. 그러나 웹소설은 장르마다 성향 차이가 큽니다. 무협을 쓰는 방식으로 현대로맨스를 쓸 수 없고, 같은 여성향 장르라도 로맨스판타지와 현대로맨스는 다른 요소가 많습니다.

나만의 현대로맨스 작품을 쓰고 독자에게 선보이고 싶은 분이라면, 이 책과 함께 우리에게 꼭 필요한 '현대로맨스 웹소설 쓰는 법'을 차근차근 익혀봅시다.

참, 한 가지, 꼭 짚고 넘어가야 할 것이 있습니다.

"로맨스 소설을 쓰려면 연애 경험이 많아야 하는 거 아닌가요?"라는 질문을 받습니다. 과연 그럴까요?

연애 경험이 적은 현직 인기 작가도 많습니다. 중요한 것은 작가가 경험한 연애 횟수나 결혼 유무 등이 아닙니다. 심지어 연애 경험이 전혀 없어도 소설을 쓰는 데는 문제가 없습니다.

현대로맨스 소설은 한 작품당 최소 70~80편 정도를 연재합니다. 소설에 자신이 겪은 연애 경험만 담는다면, 과연 몇 편이나 쓸 수 있을까요? 한 작품은 완성하더라도 다음 작품을 새로 쓸 수 있을까요?

사람에 따라 다르겠지만, 결국 작가 본인의 연애 경험만으론 절대 많은 이야기를 만들 수 없습니다.

중요한 것은 상상력입니다.

그래서 저는 '현대로맨스야말로 최고의 판타지'라고 말합니다.

자, 현대로맨스에 많이 등장하는 재벌 남자 주인공을 떠올려봅시다. 우연이든 필연이든 로맨스 소설의 여자 주인공은 일상에서 재벌 남주와 여러 번 마주칩니다.

여러분 주변에 재벌이 있나요? 그런 사람을 쉽게 만날 수 있을까요? 현실적으로 생각하면 평생 단 한 번도 만나지 못할 수 있습니다.

하지만 판타지라면 이야기는 쉬워집니다. 불가능한 건 없습니다. 어차피 내 상상으로 만든 연애 이야기입니다. 그러니 연애 경험이 아니라 자신이 원하는 연애를 이야기로 만든다면 시작하기 수월할 겁니다.

다만, 로맨스 소설을 쓸 때는 사람과 사람 사이, 즉 '관계성'에 주목해야 한다는 점에 유의합시다.

주인공 두 사람의 관계가 어떻게 만들어지는지가 가장 중요합니다. 그러니 연애 경험이 적거나 없더라도 사람과 사람의 관계를 잘 관찰하고 생각하며 이야기를 만들어간다면 누구나 현대로맨스 소설을 쓸 수 있습니다.

—마미

1장

웹소설 안으로 들어가 보자

1

웹소설, 대체 뭘까?

　웹소설Web Novel은 온라인 플랫폼을 기반으로 연재되는 이야기 형식의 문학입니다.

　기존 출판 소설과 달리 웹소설은 빠르고 속도감 있는 전개, 대중적인 소재, 독자와의 즉각적인 피드백이라는 특징이 있습니다. 특히 모바일 환경에 최적화되어 있어 짧은 호흡, 강한 후킹, 직관적인 갈등 구조를 강조합니다.

　누구나 쉽게 접근하고 연재할 수 있다는 점에서 작가 등용문이라고 할 수 있습니다. 새로운 콘텐츠 산업의 블루 오션으로 주목받았지만, 현재는 레드 오션이라고 볼 수 있습니다. 그럼에도 불구하고 진입 장벽이 낮아 쉽게 접근할 수 있다는 것은 웹소설의 큰 장점입니다. 성장 속도는 느려졌지만 꾸준히 상승 곡선을 그리고 있다는 점에서도 아직 해볼 만하다고 볼 수 있습니다.

웹소설은 2013년 '네이버 웹소설'이 시작하면서 등장했다고 볼 수 있습니다. 그 이전에도 '인터넷 소설'이 있었지만, 이때의 인터넷 소설은 지금의 웹소설과 형태가 달랐습니다.

플랫폼별로 트렌드나 작품 성향이 다른 것도 웹소설의 특징입니다. 국내 대표 웹소설 플랫폼으로는 네이버시리즈, 카카오페이지, 리디북스, 문피아, 조아라 등이 있습니다. 플랫폼마다 고유한 독자층과 선호되는 서사 경향이 있으므로 각각의 특성과 유행을 파악하는 일은 작가로서 연재 전략을 짤 때의 필수 코스입니다.

각 플랫폼의 특징은 6장에서 더 자세히 다루겠습니다.

장르가 다양하고 세분된 웹소설

웹소설은 장르 문학의 보고입니다. 장르가 다양하고 세분되어 있습니다. 트렌드에 민감한 시장 특성상, 한 장르 안에서도 다양한 변주와 하위 장르가 파생되기 때문입니다.

장르별로 독자층과 서사, 전개 방식에 차이가 있으므로, 작가로서 글을 쓰기 전에 웹소설의 장르별 특징을 간단히 살펴봅시다.

웹소설은 크게 여성향과 남성향으로 나눌 수 있습니다. 기준은 독자층, 주인공, 그리고 스토리 구성입니다.

여성향 작품의 독자 대다수가 여성입니다. 이야기를 끌고 가는 주인공은 남녀, 남남, 여여의 두 명 조합(투 톱 구조/투 톱 체제)이 가장 많고, 주로 로맨스를 바탕으로 두 주인공의 관계에 주목합니다.

남성향은 이와 반대되는 성향과 이야기 구조를 가졌다고 보면 됩니다.

우리는 현대로맨스를 쓸 예정이니 여성향 장르를 조금 더 자세히 살펴봅시다.

여성향 장르는 현대로맨스, 로맨스판타지, BL, GL로 나눌 수 있으며, 그 하위에 속한 무협로맨스, 여주판타지 등이 점점 독자층을 확장하고 있습니다.

현대로맨스는 우리가 살아가는 현실 세계를 배경으로, 일상적이면서도 환상적인 사랑 이야기를 다룹니다. 독자가 공감할 수 있는 설정과 감정, 그리고 대리만족을 느낄 수 있는 캐릭터와 서사 중심으로 전개됩니다.

로맨스판타지는 중세 유럽풍 세계관이나 가상 왕국을 배경으로 한 로맨스 소설입니다. 귀족, 마법, 궁중 암투 등 다양한 판타지 요소와 여성 서사가 결합되어 있습니다.

BL(Boy's Love)은 남성 간의 로맨스가 중심인 장르입니다. 섬세한 심리 묘사와 감정의 흐름이 중요하고, 주인공들의 다양한 관계에 의한 극적인 갈등 구조가 독자의 몰입을 유도합니다. 마니아 독자층이 탄탄합니다.

GL(Girl's Love)은 여성 간의 로맨스를 다룹니다. 사랑뿐만 아니라 자아 탐색, 우정과 사랑의 경계에 관한 이야기도 포함합니다. 장르 규모는 작지만 독립적인 팬층과 작가층이 형성되어 있습니다.

무협로맨스는 무협 세계관을 바탕으로 하는 로맨스 소설 장르입니다. 전통적인 남성향 무협에서 확장되어 여자 주인공의 성장과 사랑을 중심으로 전개되는 서사가 특징입니다.

여주판타지는 여성 주인공이 중심이 되어 판타지 세계관에서 성장하고 문제를 해결하는 이야기로, 사랑이 중심인 전통적인 로맨스에 비해 주체적인 서사와 세계 구조의 변화에 더 집중하는 편입니다.

2

현대로맨스, 뭐가 그렇게 매력적일까?

왜 현대로맨스를 읽을까?

여성향 장르를 간단히 알아보았으니 이제 우리가 쓰고자 하는 현대로맨스를 더 자세히 들여다봅시다.

현대로맨스는 현실과 동일한 시대를 배경으로 사랑을 이야기하는 장르입니다. 주요 독자층이 30대 이상의 여성(주로 30~50대 여성이며, 플랫폼마다 다르지만 네이버는 기혼층, 리디는 미혼층, 카카오는 20대 이하. 다만 그 경계는 점차 무너지고 있음)으로 이루어져 있어, 이들의 감정을 건드릴 포인트를 정확히 살려야 합니다.

독자가 현대로맨스에서 느끼는 가장 큰 감정은 '설렘'입니다. 익숙한 배경이라서 독자는 주인공의 일상과 기분에 쉽게 이입할 수 있고, 때로는 자신의 삶에서 채울 수 없었던 감정적 결핍을 충족하기도 합니다. 현대로맨스의 설렘은 평범한 일상에서 예상치 못한 진심, 배려, 시선이 드러날 때 가장 크게 피어납니다. 독자는 그 순간 주인공이 아니라 자신이 사랑받는 것처럼 느끼기 때문에 깊게 몰입하고 감정적으로 위로받습니다.

또한 현실적인 배경 위에 이상적인 관계를 얹은 현대로맨스의 특별한 구조는 독자가 '위로'와 '대리만족'을 동시에 느끼게 해줍니다. 예를 들어, 고단한 직장 생활에서 만난 능력 있는 상사와의 달콤한 로맨스와 업무적 성공, 화려하지만 거짓된 모습도 많은 연예계 이면에서 피어난 진실한 사랑 등은 현실과 판타지 사이에서 독자의 욕망을 자극합니다.

현대로맨스의 또 다른 인기 요인은 매력적인 캐릭터 조합입니다. 성격이 상반된 두 인물의 케미스트리, 과거의 인연이나 상처를 가진 캐릭터들의 서사적 충돌은 몰입을 유도합니다. 인물들의 명확한 감정선이 빠른 스토리 전개와 어우러져 글의 속도감을 높이고 독자가 계속 빠져들게 합니다.

마지막으로 웹소설의 특징인 짧고 임팩트 있는 문장, 회차마다의 후킹 요소에 감각적 상상을 자극하는 묘사 등이 더해져 현대로맨스는 모바일 시대에 최적화된 독서 전략으로 작용했습니다.

이처럼 공감, 판타지, 감정, 속도, 문체를 아우르는 복합적 요소가 현대로맨스를 강력한 인기 장르로 만들었습니다.

꿈과 희망을 그리는 현대로맨스

한국출판문화산업진흥원의 〈2024년 웹소설 산업 현황 실태조사〉를 보면, 여성 웹소설 독자의 51.0%가 오후 10시~자정 사이에 웹소설을 읽습니다.

직장인이라면 퇴근 후 집으로 돌아와 저녁을 먹고, 집 안에서의 일을 마무리한 다음일 겁니다. 즉, 현대로맨스는 현실의 무게에 눌린 독자들이 지친 하루의 끝에서 찾는 작은 위로이자 대리만족을 얻는 감정의 도피처입니다.

그렇기에 현대로맨스를 쓰는 작가는 작품 속에 늘 '희망'을 담아야 합니다.

절망 끝에 건네는 손길, 상처를 보듬는 따뜻한 말, 서로를 통해 성장하는 인물은 독자의 감정을 움직이고 치유하는 힘이 있습니다. 그래서 웹소설, 특히 현대로맨스는 대부분 해피엔딩으로 끝나며, 이런 해피엔딩은 현대로맨스의 가장 큰 매력입니다. 그런데 너무 뻔하지 않으냐고요?

누구나 한 번쯤은 현실과는 별개로, 자신만의 로맨스를 꿈꿉니다. 그 꿈이 소설 속에서 이루어질 때, 즉 주인공이 성장하고 사랑을 이루는 모습을 보면서 독자는 자신의 삶에도 '가능성'이 있다는 메시지를 받습니다.

단순한 '사랑'만이 아니라 '회복'과 '꿈', '희망'을 전하는 것입니다. 가끔은 독자 내면에 있는 상처를 치유하기도 합니다.

해피엔딩은 이런 긍정적인 메시지를 명확하게 전달할 수 있기 때문에 중요합니다.

희망을 담는 현대로맨스 쓰는 법

독자에게 대리만족을 주고 설렘, 희망, 꿈, 위로의 메시지를 잘 전달하는 몇 가지 간단한 공식이 있습니다. 현대로맨스를 쓰기 전에 꼭 기억해둡시다.

① 여자 주인공은 독자의 워너비여야 한다.

독자는 작품 속 주인공을 자기 투영의 대상으로 삼습니다. 로맨스 소설이라면 여자 주인공이 그 대상이죠. 그래서 현대로맨스의 여주는 단순히 외형이 예쁘거나 똑똑해서 인기 많은 캐릭터가 아니라, 독자가 '나도 저렇게 되고 싶다'고 생각할 수 있는 워너비입니다.

즉, 현실적인 공감 + 이상적인 희망이 동시에 녹아 있는 캐릭터로 설정해야 합니다.

예
직장에서 일에 치여 사는 독자는 소설 속 능력 있고 사랑받는 주인공을 보며 희망을 느낌.
눈치를 많이 보는 독자는 어디서나 당당하게 할 말은 하는 주인공을 보며 위로받음.

② 상처는 있지만, 회복할 수 있어야 한다.

매력적인 주인공에게는 어떤 결핍이나 상처가 있곤 합니다. 독자는 소설 속에서 주인공이 자신의 결핍을 깨닫거나 마주하고, 그 상처를 치유하는 동안 감정적으로 동행합니다. 그러면서 위로받거나 용기를 얻고, 때로는 자신이 가진 비슷한 상처를 조금씩 치유해 나갑니다.

예
과거 연애에서 입은 상처 탓에 감정을 표현하지 못했던 여주가 이야기 속에서 자신의 감정을 말하는 법을 배우고, 이를 보는 독자 역시 억제했던 자신의 감정과 마음을 돌아보게 됨.

③ 두 주인공은 서로를 변화시켜야 한다.

로맨스는 단순한 '만남'이 아니라, 두 사람이 서로에게 영향을 주며 변화하고 성장하는 과정입니다. 그러면서 이들은 서로에게 대체할 수 없는 특별한 존재가 됩니다.

> **예**
> 그는 그녀를 통해 진짜 감정을 알게 되고, 그녀는 그를 통해 자신을 사랑하는 법을 배움.

④ 결말은 이들이 걸어온 길의 정당한 보상이어야 한다.

쉽게 주어진 해피엔딩이 아니라, 갈등을 극복하고 서로를 받아들인 결과여야 희망이 진정성을 얻습니다. 아무 일 없었던 듯 행복해지는 것이 아니라, 그 모든 일을 겪었기에 함께할 수 있는 해피엔딩이어야 합니다.

> **예**
> 쓰레기 같은 전 남자친구에게서 벗어나 새로운 연인을 만남으로써 행복한 사랑을 완성함.

결국 최고의 현대로맨스란, 두 사람이 하나로 결합하는 사랑 이야기를 넘어, 삶을 살아갈 힘을 전하는 것입니다.

독자가 오늘 하루를 더 잘 살아갈 감정적 동기를 만들어주는 것. 그것이 바로 우리가 희망을 담아 현대로맨스를 써야 하는 이유입니다.

3

꿈DREAM으로 배우는 현대로맨스 쓰는 법

D: DESCRIPTION 묘사와 서술

특히 로맨스 장르에서 절대 놓쳐서는 안 되는 부분이 바로 묘사와 서술입니다.

로맨스 소설에서는 장면들을 연출할 때 묘사를 많이 활용합니다. 그러다 보니 다른 장르에 비해 인물의 외형이나 의복, 사소한 행동, 배경이 되는 장소 등 조금 더 섬세하게 묘사할 부분이 많습니다. 또한 생각이나 사건 등을 서술할 때는 문장의 길이와 강도를 조절해야 합니다. 중요도에 따라 자세하거나 간단하게, 상황에 따라 문장을 길거나 짧게. 어떻게 서술하는지에 따라 독자가 얼마나 글을 읽을지가 결정됩니다.

R: RELATIONSHIP 관계

로맨스 장르에서는 주인공이 혼자 등장하지 않습니다. 꼭 두 명의 주인공이 나옵니다. 두 사람의 사랑을 보고 싶은 독자를 위한 장르니까요. 두 주인공의 사랑이 '어떻게 이루어지는지'가 중요하므로 주인공들의 '관계'가 이야기의 중심이 됩니다.

대부분의 웹소설은 장편입니다. 그래서 등장하는 인물이 많습니다. 모든 소설이 그렇지만, 그중에서도 로맨스 소설은 주인공 간의 관계, 주인공과 주변 인물의 관계가 이야기를 이끌어가는 강력한 힘입니다.

E: ENDING 결말

웹소설의 목적은 무엇일까요? 여러분은 웹소설을 왜 읽으시나요? 아마 웹소설 독자라면 누구나 답을 알고 있습니다.

보통 웹소설을 읽는 이유는 '짧은 시간 동안 편하게 읽을 수 있어서', '재미있고 흥미로워서', '대리만족을 느낄 수 있어서'입니다. 웹소설 작가는 이런 목적에 맞게 행복과 재미 그리고 대리만족을 주는 글을 써서 독자에게 전달해야 합니다. 그래서 웹소설 대부분이 해피엔딩으로 끝납니다.

특히 로맨스 장르의 독자는 설렘과 사랑의 결실을 원하기 때문에 해피엔딩은 아주아주 중요한 요소입니다.

A: ATTRACTIVE CHARACTERS 매력적인 캐릭터

현대로맨스 웹소설의 주인공들은 이상적인 모습을 추구합니다. 그럼, 아주 완벽한 인물이 매력적인 걸까요? 아마 아닐 겁니다. 너무 완벽한 캐릭터는 재미없습니다. 오히려 사소한 약점이 인물을 흥미롭고 특색 있게 만듭니다. 특징이 명확할수록 그 인물만의 매력을 보여줄 수 있습니다.

소설 속 등장인물은 주인공만이 아닙니다. 이야기는 주·조연 등장인물 모두가 서바다의 역할을 잘 수행할 때 재미있어집니다. 결국 매력적인 캐릭터란 인물의 특징이 살아 있으면서 소설 속 역할을 잘 수행하는 존재입니다.

M: MOVEMENT 움직임

사람도 움직이지 않으면 아무 일도 일어나지 않듯이, 소설 속 캐릭터가 움직이지 않으면 사건은 일어나지 않습니다.

소설에 등장하는 모든 인물, 사건, 배경에는 각기 다른 움직임이 존재합니다. 인물의 움직임은 사건이 되고, 배경의 이동이 변화를 가져올 수도 있습니다.

 또한 이 '움직임'은 물리적인 행동만이 아니라 심리적인 변화도 포함합니다. 캐릭터들의 몸과 마음이 어떤 방향으로 흘러가느냐가 소설의 흐름을 이끕니다.

# 4

희망 HOPE 으로 다지는 작가의 기본 체력

H: HEALTH 건강

건강은 누구에게나 중요한 요소입니다. 하지만 웹소설 작가에게 건강은 글을 더 오래, 더 행복하게 쓰려면 챙겨야 하는 필수 덕목입니다. 여기서 말하는 건강은 육체적인 건강만이 아니라 정신적인 건강까지 포함합니다.

오랜 시간 앉아서 글을 쓰다 보면 손목, 손가락 관절, 허리에 많은 부담이 갑니다. 움직임이 적어 살이 찌고 밤낮이 바뀌어 생활하면 생체리듬이 깨질 수도 있습니다. 그래서 작가는 자신만의 루틴을 만들어 지키는 것이 중요합니다.

또한 상업성과 대중성이 강한 웹소설은 독자 및 플랫폼, 출판사의 관심을 불러일으켜야 합니다. 작품이 나오기 전은 물론, 작품이 나온 후에도 신경 쓰이는 일은 많습니다. 불특정 다수에게 글을 노출하므로 어떤 악플을 받을지 미리 알 수 없습니다. 어쩌면 무플일지도 모릅니다. 이 모든 것을 다 건강하게 이겨낼 수 있는 강한 정신력이 필요합니다.

건강한 정신이 곧 건강한 글을 쓰는 원동력입니다.

O: OBSERVATION 관찰

글을 쓰는 작가라면 경험을 많이 하는 편이 좋습니다. 하지만 살면서 모든 걸 다 직접 경험할 수 있는 사람은 거의 없습니다. 특히 장편을 쓰는 웹소설 작가라면 모든 걸 직접 경험하기란 역부족입니다. 작품에 판타지적 요소가 있으면 경험 자체가 불가능합니다.

그래서 우리에게 필요한 것이 바로 관찰력입니다.

주위에서 어떤 일이 벌어지는지, 무엇이 새로 등장하는지 살펴봅시다. 관찰은 호기심을 자극합니다. 호기심과 상상력이 합쳐지면 새로운 이야기 소재가 태어나기도 합니다.

작가는 직업 특성상 외부 활동이 많지 않습니다. 카페에 방문

하거나 동네를 산책하는 등 따로 시간을 내도 좋고, 자신의 일상이나 주변을 평소와 다른 시선으로 관찰해도 좋습니다.

P: PRACTICE 실행 또는 연습

누구나 글을 쓸 수는 있습니다. 잘 쓰는 사람도 많습니다. 하지만 모든 글이 소설이 되지는 않습니다. 알맞는 형식으로 글을 써야 소설로서 기본적인 모양을 갖추게 됩니다.

웹소설도 나름 형식이 존재합니다. 그에 맞춰 글을 쓰는 연습은 필수입니다.

또한 제아무리 좋은 이야기라도 머릿속에만 있으면 소설이라고 할 수 없습니다. 곧장 글로 써야 합니다. 실행만큼 좋은 글쓰기 연습은 없습니다. 보고 듣고 관찰한 것도 바로 글로 옮겨봅시다.

무엇보다도 완성해야 합니다. 웹소설은 완결되지 않으면 가치가 없습니다. 완결이 곧 웹소설의 꽃입니다. 꾸준한 연습과 수정을 통해 소설을 완성해 나갑시다.

E: EFFORT 노력

천재는 1%의 재능과 99%의 노력으로 이루어진다고 합니다. '필력'이 이 말에 가장 알맞은 단어일지도 모릅니다. 필력이란 노력 여하에 따라 얼마든지 발전시킬 수 있습니다. 처음부터 완벽한 글은 없습니다. 노력하는 사람은 글 쓰기 재능을 뛰어넘을 수 있습니다.

무엇보다, 끝까지 소설을 완성하려는 노력만이 웹소설 시장에서 살아남는 최고의 방법입니다. 쓰지 않고 웹소설을 완성할 순 없으니까요.

꾸준히 읽고 쓰고 연구하는 노력이 필요합니다. 연구라고 해서 거창한 것이 아닙니다. 현재 인기 있는 작품을 읽고 재미와 인기 요소가 무엇인지 인지했다면, 여러분은 가장 큰 연구를 해낸 것입니다.

2장

웹소설, 이야기는 어디서부터 시작될까?

1

아이디어 발굴과 소재 개발

 현대로맨스를 쓰고 싶은데 어떤 소재와 아이디어로 글을 써야 할지 고민이 많을 겁니다. 소재를 찾고자 작가는 늘 고민할 수밖에 없습니다.

 처음 글을 쓸 때는 여러 소재와 아이디어를 다양하게 담고 싶다는 욕심이 듭니다. 하지만 과유불급이라고 지나친 것은 오히려 해가 될 수 있습니다. 모든 소재를 한 이야기에 다 쏟아부을 수 없는 법이니까요.

 먼저 어떤 소재가 자신이 쓸 장르, 캐릭터, 스토리에 어울리는지를 알아야 합니다.

 그러려면 첫째, 내가 쓰고자 하는 장르를 선택하고 이해해야 합니다. 이건 꼭 현대로맨스가 아니라, 웹소설을 쓰겠다고 마음을 먹은 분이라면 자신이 쓰려는 장르 파악은 필수라는 점을 기억해주시기 바랍니다.

그럼 장르는 어떻게 파악하면 좋을까요?

보통 글을 쓰려고 결심하면 가장 먼저 작법서를 찾기 마련입니다. 저 또한 그랬고, 도움도 많이 받았습니다. 하지만 작법서보다 더 효과적인 방법이 바로 '내가 쓰고자 하는 장르의 웹소설 많이 읽기'입니다. 읽기만큼 도움이 되는 것은 없습니다. 웹소설은 특히 더 그렇습니다.

웹소설은 유행이 빨리 변합니다. 드라마화된 웹소설 원작을 보고 도전하는 분도 많은데, 그런 작품은 이미 몇 년 전에 연재된 것이라 현재 트렌드와는 다를 수 있습니다. 요즘 인기 있는 작품을 많이 읽고 장르 특성을 제대로 파악하는 것이 중요합니다. 이 과정을 통해 인기 있는 캐릭터 특징이나 스토리 구조, 키워드 등 현대로맨스에 맞는 소재를 찾을 수 있습니다.

지피지기면 백전백승이라고 합니다. 현대로맨스를 쓰기로 했다면 지금 바로, 최근 가장 인기 있는 현대로맨스 작품을 많이 읽어봅시다.

그리고 무엇보다 현대로맨스를 즐깁시다. 공자는 "아는 자는 좋아하는 자를 이길 수 없고, 좋아하는 자는 즐기는 자를 이길 수 없다"고 말했습니다. 작가에게도 맞는 말입니다. 그러니 로맨스를 아는 사람보다 좋아하는 사람이, 좋아하는 사람보다 즐기는 사람이 로맨스를 더 잘 쓸 수 있습니다.

현대로맨스를 즐기다 보면 저절로 보는 눈이 생깁니다. 백 마디 말보다 행동이 중요하듯이 직접 보고 쓰는 것만큼 좋은 건 없습니다.

이런 준비가 되었다면 우리가 쓸 소재와 아이디어를 찾으러 가봅시다.

독자에게 흥미를 주는 소재/아이디어의 조건

나에게는 흥미로운 소재라고 해도 독자에게 반드시 먹히는 것은 아닙니다. 특히 현대로맨스 장르는 타깃 독자의 감정과 취향을 정확히 겨냥해야 합니다.

다음 조건을 갖춘 소재는 독자에게 깊은 인상을 남기고, 연재 지속률과 충성도에 긍정적인 영향을 미칩니다.

① 공감할 수 있는 정서

현대로맨스의 가장 큰 강점은 '공감'입니다. 독자들은 자기 삶과 감정을 투영할 수 있는 이야기에 끌립니다. 직장 내 인간관계, 친구와의 갈등, 가족 문제, 사랑의 흔들림 등 일상에서 마주할 수 있는 감정들이 서사 안에 자연스럽게 녹아 있어야 합니다. 공감은 독자가 작품에 몰입하게 만드는 가장 강력한 무기입니다.

② 대리만족을 주는 판타지

독자는 작품에서 현실에서 얻기 힘든 감정이나 상황을 경험하길 원합니다. 연애 판타지, 신분 상승 판타지, 성공 판타지 등의 말을 들어보았을 겁니다. 능력 있는 남자 주인공과의 연애, 예상 밖의 상속, 한밤중의 로맨틱한 고백 등은 모두 대리만족을 줄 수 있는 대표적인 판타지 소재입니다. 다만 현실과 너무 동떨어지면 오히려 몰입을 방해할 수 있으므로, 현실성과 판타지의 균형이 중요합니다.

③ 신선한 변주와 예상 밖의 전개

익숙한 클리셰라 하더라도 예상치 못한 방식으로 접근하면 독자의 호기심을 자극할 수 있습니다. 예를 들어, '첫사랑과 재회'라는 설정을 그냥 회상하는 것이 아니라 '직장 동료로 다시 만난 첫사랑'처럼 반전 요소로 변형하는 것입니다. 신선함은 기존 설정에 감정의 층위를 더하고 예측 불가능한 긴장감을 부여합니다.

④ 명확한 갈등과 감정의 흐름

소재가 아무리 매력적이어도 갈등이 약하거나 감정의 흐름이 어색하면 독자가 몰입하기 어렵습니다. 좋은 소재란 사건과 감정의 원인과 결과가 자연스럽고, 인물의 심리 변화가 설득력 있게 따라오는 구조를 갖춥니다. 이야기는 감정의 움직임입니다. 갈등과 감정의 폭이 클수록 독자는 깊게 빠져듭니다.

⑤ 현실과 이상의 적절한 조화

작품은 현실을 반영하면서도 이상(理想)을 제시해야 합니다. 지나치게 이상적인 캐릭터와 설정은 독자에게 거리감을 줄 수 있고, 반대로 지나치게 현실적인 서사는 피로감을 줄 수 있습니다. 중요한 것은 독자가 바라는 '현실에서 가능한 이상형(이상향)'을 설정하는 것입니다. 그 균형 속에서 감동과 재미, 위로를 동시에 전달할 수 있습니다.

2

소재 찾기 첫걸음

다독: 장르의 지도를 그리는 기초 작업

소재를 찾기 위한 첫걸음은 '많이 읽는 것'입니다. 특히 최근 인기 있는 웹소설 작품을 중심으로 어떤 트렌드가 있는지 파악해야 합니다. "아는 만큼 보인다"는 말처럼 다양하게 독서함으로써 새로운 소재를 찾거나, 익숙한 소재를 새롭게 바꿀 수 있습니다.

단, 어설픈 독서는 오히려 독이 되기도 합니다. 몇 작품만 읽고 장르의 전형을 다 파악했다고 착각하면 위험합니다. 편견이 생겨 생각이 확장되지 못할 수 있습니다. 웹소설은 연재되는 플랫폼마다도 특징이 다릅니다. 최소한 자신이 쓰고자 하는 장르의 작품을 70편 이상, 가능하다면 100편 이상 읽는 것이 좋습니다.

> **20작품 이하**: 웹소설이나 장르에 대한 프레임이 씌워지거나 따라 쓰는 경향이 나타날 수 있음.
> **50작품 이상**: 조금씩 흐름을 볼 수 있으나 전체를 파악하기에는 부족함.
> **70작품 이상**: 전체를 보는 힘이 생김.

여러 작품을 접하면서 글의 흐름과 구성, 장르적 틀, 전개 방식, 클리셰와 소재 활용 등을 자연스럽게 습득할 수 있습니다.

가끔 "그 글이 취향이 아닌데요?"라고 말씀하는 분도 있는데, 작가라면 편독 없이 다양한 취향의 작품을 섭렵하는 것이 좋습니다. 이는 단지 소재를 찾는 행위가 아니라, 작가로서의 역량을 확장하는 과정입니다. 작가에게는 다양한 글을 읽고 생각하는 능력이 필요하니까요.

관찰: 주변의 일상적인 장면을 서사의 단서로

다독이 내면의 기반을 다지는 작업이라면, 관찰은 외부 세계에서 소재를 수집하는 감각적인 탐사입니다. 호기심을 가지고 주위를 관찰해봅시다. 사람들의 행동, 대화, 주변에서 일어나는 소소한 사건들 안에 담긴 저마다의 사정 속에는 소재나 적어도 소재가 될 만한 실마리들이 있을 겁니다.

때론 나와 내 주변의 일상이 소재를 던져주기도 합니다. 거리를 걷거나 카페에서 친구와 만나 나눈 대화와 행동, SNS 속 사연, 뉴스 기사, 커뮤니티 게시글 등은 모두 훌륭한 소재입니다.

제 소설 《조건 보고 결혼》에서 여자 주인공이 일하는 백화점 명품 주얼리 매장에 전 남자친구가 예물을 보러오는 장면은 실제 지인의 이야기로, 지인의 동의를 얻어 첫 부분 에피소드로 활용했습니다. 또 '이직 첫날 마주친 직속 상사가 전 남자친구였다' 같은 설정은 이직이라는 평범한 상황에 극적인 긴장과 갈등을 불어넣은 사례입니다.

내 주변에 주의를 기울인다면, 상상의 나래를 펼칠 만한 소재가 나타날지도 모릅니다. 일상 속 숨은 이야기, 평범함 속에서도 갈등과 감정을 발견하는 관찰력이 곧 작가의 자산입니다.

아는 분야부터 하나씩: 아는 것이 주는 안정감

글을 처음 쓸 때는 자신이 잘 아는 분야에서 소재를 찾는 것도 좋습니다. 모르는 영역을 다루려면 방대한 자료 조사를 하고 나서도 현실성 확보를 위한 추가 작업이 꼭 필요합니다. 준비가 부족한 상태로 전문 영역을 다루면 전개가 어설퍼지고 독자의 신뢰를 얻기 어렵기 때문입니다.

실제로 저는 호텔에서 일했던 경험을 바탕으로 《내게 딱인 너》에서 호텔 아르바이트를 하는 주인공을 설정하고, 호텔 안에서 일어날 수 있는 사건이나 전개를 에피소드로 활용했습니다. 호텔에서 발생할 수 있는 컴플레인 내용도 이야기 속에 녹였습니다.

다양한 경험: 상상력의 원천

아무리 뛰어난 작가라도 새로운 경험 없이 계속해서 새로운 이야기를 만들어내긴 어렵습니다. 아는 것만 반복하다 보면 아이디어는 고갈되고 서사 또한 단조로워지기 쉽습니다. 그러므로 작가는 의도적으로 다양한 경험을 쌓아야 합니다.

이런 경험은 작가가 직접 부딪쳐서 얻은 직접경험과 언어나 문자, 영상 등을 매개로 얻는 간접경험으로 나눌 수 있습니다.

직접경험은 글의 현실성을 강화하여 독자에게 생생한 현장감을 전달할 수 있습니다. 예를 들어, 남녀 주인공이 해외에서 만나는 현대로맨스 소설이라면 작가가 해외여행에서 겪은 문화적 충돌이나 감정을 활용해 서사의 밀도를 높일 수 있습니다.

반면 **간접경험**은 상상력을 자극하고 새로운 시각을 제공해줍니다. 책, 영화, 다큐멘터리, 인터뷰, 유튜브, 강연, 대화 등으로 다른 사람의 인생을 체험하고 그것을 서사로 전환하는 훈련을 할 수 있습니다.

작가는 이처럼 직·간접적으로 경험해 창작의 스펙트럼을 넓히고 익숙한 것과 낯선 것 사이를 자유롭게 오가는 감각을 길러야 합니다. 이는 분명 여러분 작품에 차이를 만들어줄 것입니다.

클리셰 안에서 소재 찾기: 익숙함을 새롭게 해석하는 힘

웹소설, 특히 현대로맨스 장르는 클리셰가 풍부합니다. 이를 장르적 제약으로 느낄 수도 있지만, 반대로 생각하면 클리셰는 작가가 활용할 수 있는 유용한 도구이자 독자가 기대하는 장면입니다. 중요한 것은 '어떻게 다르게 보여줄 것인가'입니다.

클리셰는 다양한 방향으로 변주할 수 있습니다. 기존 틀을 약간 비틀거나 전환점을 주면 전혀 다른 이야기처럼 보입니다. 여기에 작가의 경험이나 감정, 관찰력을 녹이면 더욱 설득력 있는 설정이 됩니다.

그래서 우리는 클리셰를 마주했을 때 '왜 이 장면이 흥미로운가?', '이다음에는 어떤 일이 일어날까?'처럼 꼬리를 무는 질문을 던져야 합니다. 이러한 질문들은 이야기를 깊이 있게 발전시키는 데 큰 도움이 됩니다.

흔히 말하는 '독특한 아이디어'란 완전히 새로운 것이 아닙니다. 기존 설정에서 한 발짝 더 나아가거나, 방향을 비틀어 새로운 관점으로 보여주는 것이죠. 예를 들어, 현대로맨스에서 익숙한 '계약 연애'라는 설정을 '전 연인의 결혼식에 동반자로 참석하려고 맺은 계약 연애'로 바꾸면 익숙하면서도 신선한 느낌을 줄 수 있습니다.

결국 독특함이란, 새로움을 상상할 수 있는 관찰력과 해석하는 힘에서 비롯된다고 볼 수 있습니다. 클리셰를 피하려 하지 말고, 감각적으로 활용할 수 있는 창작자가 됩시다.

최고의 현대로맨스란,
두 사람이 하나로 결합하는
사랑 이야기를 넘어,
삶을 살아갈 힘을 전하는 것입니다.

3장

클리셰와 키워드, 뻔해서 더 좋은 이야기

이번 장에서는 앞서 설명했던 클리셰와 키워드를 활용하여 소재 찾는 법을 조금 더 자세히 말씀드리겠습니다.

 웹소설에서 클리셰와 키워드는 독자가 기대하는 장면이나 상황에 대한 약속이므로 초보 작가나 지망생이 글을 처음 시작할 때, 소재와 아이디어를 찾을 때 매우 유용합니다. 이 두 가지를 이용해 기본적인 서사 구조를 만들어낼 수 있기 때문입니다.

 그렇다면 클리셰와 키워드는 무엇이며, 우리가 이들을 어떻게 활용하면 좋을지 살펴봅시다.

1

독자가 좋아하는 클리셰의 힘

클리셰Cliche란 본래 금속 활자판을 뜻하는 프랑스어에서 유래한 말로, 지겹고 예측할 수 있는 진부한 표현, 설정, 상황 등을 의미합니다. 즉, 흔히 말하는 '뻔한 스토리'를 가리키죠. 하지만 앞서 말했다시피 웹소설, 특히 현대로맨스 장르에서 클리셰는 단점이 아닌 중요한 서사 도구로 작용합니다.

현대로맨스에서 자주 사용되는 클리셰들은 다음과 같습니다.

#오피스물: 직장을 배경으로 한 로맨스. 조직 문화 속에서 까칠한 상사 남자 주인공과 성실한 비서 여자 주인공의 사내 연애.

#계약결혼: 각자의 이익을 위해 계약으로 맺어진 결혼. 처음엔 감정이 없지만, 계

약을 이행하는 과정에서 점차 서로에게 빠져듦.

#계략남: 과거를 후회하는 남주가 여주와 재회하고자 치밀한 계획을 세워 다시 다가오는 설정. 여주에게 물심양면으로 도움을 주며 관계를 회복.

   이러한 클리셰들은 이야기의 구조만 제공하는 것이 아니라, 작가와 독자 간의 암묵적인 '기대의 틀'을 형성합니다. 독자가 해당 장르에서 보고 싶어 하는 감정선, 갈등 구조, 결말 방향을 예고하며, 독자는 이 예측 가능한 서사를 따라가며 감정적 안정을 얻는 것이죠.

   웹소설 독자들은 짧은 시간 안에 설렘과 힐링을 얻으려 현대 로맨스를 읽습니다. 따라서 대부분 해피엔딩을 기대하고, 사랑의 감정을 충분히 느낄 수 있는 이야기를 원합니다. 결국 클리셰는 사랑이라는 핵심 주제를 중심으로 독자의 감정선을 자극하는 가장 효과적인 도구인 셈입니다.

   클리셰는 결코 표절이 아닙니다. 이야기의 뼈대를 제공하고 새로운 살을 붙일 수 있는 창작 재료입니다. 같은 클리셰라도 인물, 배경, 사건의 조합, 활용 깊이에 따라 전혀 다른 색을 띱니다. '뻔한 이야기'라는 비판은 클리셰 자체가 아니라, 그것을 신선하게 활용하지 못했을 때 발생합니다.

중요한 것은 클리셰를 '활용'하는 능력이며, 작가는 클리셰로 독자가 원하는 감정을 설계하면서도 차별성을 주어야 합니다.

따라서 현대로맨스를 쓰는 작가는 클리셰를 무조건 피하거나 배척하는 대신 활용하고 비틀어서 새롭게 재구성하는 방법을 고민해야 합니다. 그 과정에서 독자가 현대로맨스에서 원하는 감정선, 설렘과 감동, 위로와 만족을 정확히 겨냥할 수 있습니다.

클리셰는 바로 그 감정선을 만드는 기준이 됩니다. 이는 현대로맨스가 '사랑'이라는 감정 중심으로 독자에게 다가가는 가장 강력한 방식임을 기억해야 합니다.

클리셰 활용 전략

오피스물의 경우 남자 주인공은 대부분 회사의 대표거나 상사이고, 여자 주인공은 성실한 비서인 구조가 기본입니다. 까칠한 상사에게 잘 맞춰주던 여주가 사라지면서 주변 사람들이 많이 괴로워지는 이야기 구성도 흔한 클리셰입니다.

여기서 우리는 오피스물의 기본 구조를 반대로 구성할 수도 있고, 여주가 완벽한 비서가 아닌 어설프지만 노력하는 사람인 이야기를 만들 수도 있습니다.

앞서 말했듯이, 클리셰는 말 그대로 도구입니다. 피하지 말고 잘 활용하면 됩니다. 독자의 기대치를 반영하도록 스토리는 익숙하게 진행하되, 전개 방식이나 인물의 성격, 감정선은 새롭게 만들어 기존 클리셰와 차별화하는 방식이 좋습니다.

2

작품을 빛내는 한 단어, 키워드

웹소설 시장에서 '키워드(태그)'는 단순한 검색어가 아니라 독자가 작품을 선택하는 기준입니다. 플랫폼은 키워드를 통해 작품을 분류하고, 독자는 키워드로 원하는 작품을 찾습니다. 클리셰와 일맥상통하는 면이 있죠.

현대로맨스의 대표적인 키워드는 다음과 같습니다.

#계약연애 #연하남 #재회물 #직진남 #능력녀 #사내연애 #첫사랑 #재벌남

이러한 키워드는 작품의 콘셉트뿐만 아니라 클리셰처럼 감정선과 기대감을 전달합니다. 예를 들어, '#직진남' 키워드라면 독자는 소설을 읽기 전부터 남자 주인공이 여자 주인공을 적극적으로 돕고 사랑을 표현할 것으로 예상합니다.

즉, 키워드는 독자가 클릭하는 단어이자, 작품의 핵심 정서와 결을 요약하는 도구입니다. 작가도 키워드를 이용해 자기 작품의 독자층을 정확하게 타깃팅할 수 있습니다. 따라서 작품을 기획할 때부터 키워드를 염두에 두고 서사를 구성하는 것이 유용합니다.

키워드 활용 전략: 분류를 넘은 서사 설계

키워드는 검색 및 분류를 넘어, 스토리 구조를 결정하는 방향키입니다. 작품의 전반적인 내용을 표현하고자 키워드를 선정하기도 하고, 반대로 어떤 키워드를 사용할지 먼저 정한 뒤 이야기를 구성하기도 합니다. 어느 쪽이든 키워드를 이야기 속에 어떻게 반영할지 고민해야 합니다.

키워드는 '소개용'과 '기획용'으로 구분할 수 있습니다. 특히 기획 단계의 키워드 활용은 작품의 뼈대를 만드는 데 결정적인 역할을 합니다. 작품을 소개할 때는 여러 키워드를 붙일 수 있지만, 기획 단계에서는 4~5개 정도의 핵심 키워드에 집중해야 효과적입니다. 현대로맨스를 구상할 때 도움이 되는 키워드는 다음 표처럼 크게 네 가지 범주로 나눌 수 있습니다.

현대로맨스 키워드 분류

키워드 분류		
장르 / 배경 키워드		현대로맨스, 오피스로맨스, 재벌, 정치적, 연예계물, 조직/암흑가, 가상시대물, 로맨틱코미디, 캠퍼스물, 학원물, 아카데미물
스토리 키워드		드라마, 속도위반, 신파, 가족후회물, 동거, 선결혼 후 연애, 환생물, 회귀물, 타임슬립물, 암투물, 차원이동, 달달물, 치유물, 권선징악, 오해물, 재회물, 힐링물, 잔잔물, 복수
캐릭터 키워드	여자 주인공	능력녀, 사이다녀, 철벽녀, 상처녀, 엉뚱발랄녀, 짝사랑녀, 뇌섹녀, 털털녀, 평범녀, 우월녀, 남장여자, 도도녀, 자상녀, 순진녀, 순정녀, 다정녀, 신데렐라, 걸크러쉬, 무심녀
	남자 주인공	재벌남, 능력남, 후회남, 유혹남, 직진남, 순정남, 애교남, 집착남, 대형견남, 나쁜 남자, 오만남, 촌데레남, 동정남, 까칠남, 차도남, 카리스마남, 냉정남, 철벽남, 존댓말남, 무심남, 까칠자상남, 능글남, 절륜남, 무심남
	공통	전문직, 외유내강, 천재, 워커홀릭
관계 키워드		소유욕/독점욕, 계약관계, 정략결혼, 갑을관계, 신분차이, 원나잇, 삼각관계, 몸정>맘정, 영혼체인지, 오빠, 친구>연인, 나이차커플, 오래된 연인, 첫사랑

이러한 키워드 분류를 통해 작품의 성격을 보다 명확히 할 수 있으며, 시놉시스 작성이나 플롯 설계에도 큰 도움이 됩니다.

키워드를 활용한 스토리 예시

키워드를 정했다면 이제 이야기를 만들 차례입니다. 예를 들어 저는 《그가 선물로 왔다》에서 다음과 같은 키워드를 먼저 정했습니다.

#오피스물 #복수 #능력녀 #까칠자상남 #원나잇

이 키워드를 이용한 《그가 선물로 왔다》의 내용은 다음과 같습니다.

사내 커플이었던 여자 주인공은 전 남자친구가 낙하산 여직원과 바람이 나 결혼한 날, 술김에 잘못 들어간 호텔 방에서 남자 주인공을 만나 하룻밤을 보낸다. 다신 마주치지 않을 줄 알았던 남주는 여주의 상사로 부임하고, 여주를 향한 유혹을 시작한다. 하지만 남주의 부모와 여주 아버지 죽음 사이의 진실이 밝혀지며 갈등이 심화되고 결국 여주

는 도망친다. 그 후 여주의 생일날 여주를 찾아온 남주, 모든 것을 걸고 그녀를 지키려는 그가 선물처럼 돌아왔다.

이처럼 키워드를 기반으로 인물, 사건, 감정선을 연결해가면 자연스럽게 이야기의 흐름을 잡을 수 있습니다. 이처럼 키워드는 이야기의 방향을 잡아주는 도구이며, 작가가 의도한 감정과 구도를 선명하게 드러내는 중요한 장치입니다.

이야기를 설계하기 어려운 분들이라면, 글을 쓰기 전에 장르와 배경, 주요 감정선과 인물의 성향, 인물 간의 관계에 맞춰 키워드를 조합해봅시다. 그 조합이 곧 이야기를 설계하는 가장 **빠**르고 효과적인 방법이 될 수 있습니다.

3

유행을 읽는 습관, 감각을 쌓는 방법

웹소설 시장은 빠르게 변합니다. 매달 인기 키워드가 바뀌고, 새롭게 떠오르는 클리셰가 형성됩니다.

웹소설 작가는 플랫폼 인기 검색어, 인기 작품의 소개 문구, 리뷰와 별점 등을 꾸준히 분석하며 시장의 흐름을 읽어야 합니다. 또 공모전을 보면 그해의 트렌드를 짐작할 수 있습니다. 하지만 단순히 키워드를 나열하거나 인기 장르를 추종하는 것만으로는 부족합니다. 다음과 같은 구체적인 항목을 통해 더 깊게 트렌드를 분석할 수 있습니다.

① 캐릭터 분석

트렌드는 인물에서 시작됩니다. 특정 시기에 독자들에게 가장 사랑받은 캐릭터 유형을 분석해보면 시장의 정서를 알 수 있습니다. 최근에는 '자기주도적인 여자 주인공', '다정하지만 무심한 남자 주인공', '능력 있는 조연' 등이 주목받는 경향이 있습니다. 캐릭터의 말투, 감정 표현, 관계의 거리감을 세밀하게 분석하면, 우리도 트렌드에 맞는 등장인물을 만들 수 있습니다.

예

자기주도적인 여주 → 감정에 솔직한 여주.
다정하지만 무심한 남주 → 집착과 돌봄 사이를 넘나드는 남주.
능력 있는 조연 → 우정과 연애를 복합적으로 표현하는 조연.

② 셀링 포인트 분석

독자들이 작품을 클릭하고, 읽고, 결제하게 만드는 결정적 요소를 '셀링 포인트'라고 부릅니다. 이 셀링 포인트가 무엇인지 파악해야 합니다. 초보 작가라면 다음 부분에 중점을 두고 분석해봅시다.

- 제목, 섬네일, 소개글, 첫 회차의 몰입도, 감정선, 후킹 구조.

- 인기작의 1~5화를 집중 분석해 어떤 장치가 독자를 잡아끌었는지 파악.

- 리뷰나 댓글에서 어떤 대사, 장면, 사건에 반응이 높은지 관찰.

③ 흐름 분석

트렌드를 분석하는 이유는 현재 인기 소재나 캐릭터, 키워드를 모방하려는 것이 아니라 전체적인 시장의 흐름을 파악하기 위함입니다. 플랫폼에서 인기 상위권에 오르는 작품들의 경향을 비교 분석하면 이후의 유행을 예측할 수 있습니다.

예
연말에는 따뜻한 로맨스, 봄에는 캠퍼스물이나 새출발 서사가 인기 → 시즌성 흐름 파악.
불안정한 경제, 취업난 → 회귀물, 성공물.
갑질과 불공정, 권력 문제 → 정의 실현 욕망 → 사이다 복수물, 후회남.
젠더 이슈 문제 → 강한 여주, 능동적 선택 → 악녀, 복수, 능력 여주.
복수물의 유행이 지나고 치유물, 일상물로 이동.

타 장르의 유행도 눈여겨보면 좋습니다. 타 장르에서 시작한 흐름이 다른 장르로 넘어가는 경우도 많습니다. 또 시대를 타는 경우도 있습니다.

이렇게 분석해서 작가가 자신의 이야기를 시장 흐름에 접목할 수 있습니다. 유행을 무조건 따르기보다는 자신의 서사와 만나는 지점을 찾아 유연하게 흡수해야 합니다.

클리셰와 키워드, 트렌드는 창작의 시작점이지만, 그것이 곧 한계가 되면 안 됩니다. 중요한 것은 나만의 관점입니다. 독자는 익숙한 것을 원하지만, 그 익숙함을 '새롭게 말하는' 목소리를 더 원합니다.

클리셰와 키워드, 트렌드를 내 이야기 속에 자연스럽게 스며들게 하되, 그 안에서만 머물지 말고 인물의 성장, 감정의 폭, 서사의 밀도를 발전시키며 나아가는 전략이 필요합니다.

4장

실전1:
이제 본격적으로 써볼까?

# 1

마인드맵으로
이야기 흐름 잡기

캐릭터 중심 마인드맵 활용

소설의 기본 요소는 인물, 사건, 배경입니다. 많은 설정이 필요한 부분인데, 이 기본 요소를 어떻게 정리하면 좋을까요? 이때 유용한 도구가 '마인드맵'입니다.

마인드맵은 영국의 기억력 및 공부법 전문가인 토니 부잔Tony Buzan이 개발한 생각 정리 기술입니다. 주제를 중심으로 꼬리에 꼬리를 물며 사고를 확장하고, 그 구조를 한눈에 파악할 수 있도록 돕습니다. 이는 복잡한 이야기의 흐름을 시각화하고, 주요 개념 간의 관계를 명확하게 보여주는 데 효과적입니다.

특히 여성향 웹소설을 기획할 때는 '캐릭터 중심 마인드맵'이

유용합니다. 로맨스에서는 남녀 주인공과 주변 인물의 '관계성'이 중요하기 때문에 두 주인공을 중심으로 인물 관계, 사건, 감정선, 갈등, 반전 등을 확장해 나가기 좋습니다.

마인드맵을 통한 인물 관계

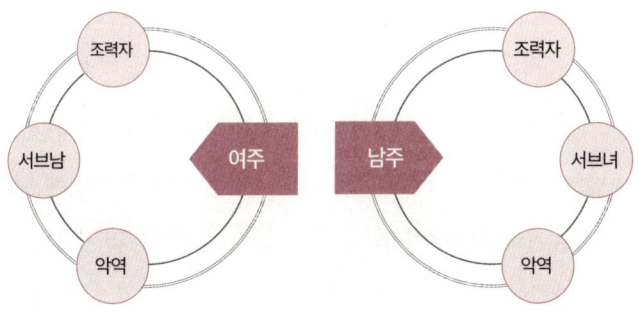

중심에 주인공들을 두고 설정을 간단히 적어둡니다. 이들의 설정이 마무리되었다면 각각의 관계에 따라 주인공을 돕는 조력자, 주인공을 좋아하는 서브, 주인공과 대립하는 악역 등을 만들어줍니다. 중요한 것은 주인공과의 관계가 어떤지를 꼭 써두어야 한다는 점입니다. 그 관계가 사건을 만드는 주요 요소가 될 수 있습니다.

예를 들어, 두 주인공이 '계약 관계'라면 어떤 계약인지, 그 계약으로 무엇을 얻는지, 이익과 리스크 상황은 어떤지도 설정합니다. 이를 통해 이들이 관계를 유지해야 하는 이유에 타당성과 목적성이 부여됩니다.

그런 다음 주인공을 옆에서 돕는 **조력자**, 주인공을 방해하는 **악역**, 주인공과 또 다른 썸을 타는 **서브** 역할과의 관계를 설정해줍니다. 이들의 관계에서 여러 사건과 에피소드가 만들어집니다.

앞의 도표에는 주인공을 제외한 주요 인물이 3명이지만, 더 다양한 인물을 연결할 수도 있습니다. 다만 이 마인드맵에 나오는 인물들이 전체 이야기의 흐름을 책임질 캐릭터라는 점을 기억해야 합니다.

관계가 다양할수록 사건은 다채로워지지만, 너무 많은 캐릭터를 계속 등장시키는 건 좋지 않습니다. 독자가 인물을 완벽히 인지하지 못한 상태에서 새로운 등장인물이 나오면 이야기가 너무 복잡해지거나 목적을 잃을 수 있고, 작가도 글을 쓰기도 전에 지칠 수 있습니다. 그러니 가장 기본적인 인물만 정리해주면 됩니다.

"그러면 나중에 등장하는 인물이나 엑스트라는 어떡하나요?"

라는 궁금증이 생길 수도 있습니다.

주요 인물을 제외한 나머지 인물들은 한 명씩 누구 쪽 사람인지만 표시하고, 디테일은 따로 뺍니다. 특히 엑스트라는 특별한 설정을 하지 않는 것이 일반적입니다.

저는 주인공을 설정할 때부터 마인드맵을 활용합니다. 초안이라고 생각하면 됩니다. 다음 페이지에 《그가 선물로 왔다》의 예시를 수록했습니다.

주인공 캐릭터 원에 외형, 성격 등의 기본 사항과 비하인드를 적습니다. 그 외 주요 인물도 필요하다면 기본 사항은 같이 적어둡니다.

그리고 주인공과 각 인물의 관계를 화살표로 표시하고 써줍니다. 어떤 관계인지 바로 보이므로 이야기의 기본 구조와 사건을 구성하기 편합니다. 예를 들어, 겉과 속이 다른 인물이 있다면 나중에 배신하는 에피소드를 만들 수 있죠.

또한 관계도는 인물들의 대화 방식, 태도, 감정을 묘사할 때도 도움이 됩니다. 서로 좋은 감정인 인물들은 호의적인 태도, 부드러운 말투, 긍정적인 감정을 표현하겠죠. 반대로 서로 악감정이 있다면 적대적인 태도를 보일 뿐 아니라 대화를 나눌 때도 적의가 드러납니다.

《그가 선물로 왔다》의 캐릭터 중심 마인드맵 초안

가제: 그가 선물로 왔다가

- 회이
- 이과
- 남
- 반
- 유
- 웅

박인하
(K그룹 전략기획팀 대리)
가희 준마. 복직 발령에 낙담하는 배 여신의 도움으로 승승장구하다 잡은 줄 놓치과 절도

병차장님 인상파...
화끈하다가 대비

송유진 (직원)
역효과직원 M소텔 때때로 날카로운 테크니컬 성격

이기재장

채똥하 (여주)
자신이 모정법 해서 한수 있는 건 연전히 해낼 것 보 아니라 생각함
(K그룹 전략기획 부장 배비)
전 남친에게 아이디어를 전부 다 제공해 중.
전략기획팀의 에이스 안정적이지만
결국 자신이 부족 기간에 적극 돌아 배명에
남친 배신. 역산히 살게 기간되면 관
이제 D5 놓아야 겠다.
내가 하고 싶은 거 해보자

도진우 (남반)
IT 기업 떠오르는 젊은 CEO
파트너씨 재산은 도와 준 동하에게 호감

주혁 친구. 미술. 떠오르는 작가.

년상 - 남동생
남성 이건 충성

캐릭터 대표 이야기
사이드노트

CK 그룹
(강태일 회장)

우유부족. 해사랑이 크고 대위해볼 함.
자식은 잘라고 때때로 간 함.
재혼을 한 (딸두 2번 더시 2남.
그리 애들게 의해 주학하게낸. 2남.
할게 넣음.

(강미나) 강회장 딸
반대 무릅쓰고 결혼
미국에서 주동을
낳아 키우다
결국 이혼하고
혼자 돌아옴.

(차주혁)
차가운 성격. 1호 아래
부모의 이혼 후 변함.
어머니가 재선과 아버지을
버렸다 생각함
CK그룹 전략기획 본부장
여태 그저 스쳐 지나가는
중세임은 마음은 주지를
아니라고 생각함.

(홍민석) 과장
주학의 절친이자 좌완
마음 개부터 함께 일한
1번뿐이 잘 맞는 파트너.
현장에 같이 나옴.
밝은 성격. 안정.

(서효린) 사반
미나와 친한 친구이자 대기업
막내딸. 밝고 애교 많은 성격
하고 싶은 거 주고 싶은 거 다
하는 쿠려. 주학이 혹성난다.

참, 둘을 방해하는 주요 악역이 같은 인물이면 어떻게 표시하느냐는 질문을 받은 적이 있습니다. 그럴 때는 주인공마다 그 인물을 연결한 뒤, 화살표선 위에 어떤 관계인지를 꼭 써줍니다. 주인공마다 다른 악역이 있을 필요는 없습니다. 공동의 악역도 나쁜 설정은 아닙니다. 함께하도록 해주는 중요한 이유가 되기도 하니까요.

배경 설정의 중요성

마인드맵을 만들 때 반드시 함께 고려해야 할 요소가 바로 '배경'입니다. 배경은 단순한 무대가 아니라 장소, 시간, 문화 등을 포괄하는 개념으로, 이야기의 장르와 분위기, 인물의 행동과 감정선에 영향을 주는 핵심 요소입니다.

그래서 배경은 인물의 성격과 동기, 과거 사건의 단서가 될 수 있으며, 사건을 유발하거나 반전을 심는 데도 활용됩니다.

또 플롯과 배경은 상호작용합니다. 배경에 따라 언어, 행동, 사회적 규범이 달라지며, 이는 캐릭터 서사에 자연스러움을 더합니다.

예를 들어 계절과 날씨의 변화, 도시와 시골, 외국 등의 공간

특성은 장면의 정서와 감정 표현에 영향을 줍니다.

마인드맵은 완성형이 아니라 확장형입니다.

집필 중에도 유동적으로 보완하고 수정할 수 있는 설계도이며, 플롯의 구조를 세우는 작가의 동반자라 할 수 있습니다. 특히 초보 작가는 처음부터 명확한 틀을 짜지 않으면 전개가 흐트러지기 쉽습니다. 마인드맵으로 주인공, 주제어, 주요 인물, 사건, 감정선, 배경, 키워드 등을 시각화하면 큰 흐름을 확인하기 좋습니다.

예

중심 키워드: 사랑, 관계, 위기, 치유, 성장 등.
인물: 여주, 남주, 조연, 가족, 회사 동료 등.
사건: 첫 만남, 오해, 고백, 갈등, 위기, 재회 등.
배경: 대기업 사무실, 회식 장소, 본가, 병원, 해외 출장지 등.
감정선: 설렘, 분노, 후회, 다정함, 성장 등.

또 마인드맵 관계도가 정리되면 시놉시스를 쓸 때도 도움이 됩니다.

시놉시스가 너무 길어 한눈에 볼 수 없을 때, 저는 마인드맵을 펴놓고 이야기를 전개합니다. 사소한 관계나 추가 및 변경된 설정 등은 그때그때 메모했다가 20화쯤 썼을 때 마인드맵을 업그레이드합니다. 추가할 다른 설정이 있는지, 새로 등장하는 인물(새로운 관계)은 누구이며 사라지는 인물(관계 및 사건 종료)은 누구인지를 파악합니다.

즉, 마인드맵은 인물과 사건만 나열하는 것이 아니라, 배경과 감정선까지 함께 고려해 이야기의 뼈대와 살을 동시에 설계하는 전략적 도구입니다.

물론 작가마다 처음 이야기를 구성하는 방식은 다를 수 있습니다. 마인드맵은 제가 이야기를 구성할 때 유용했던 방법입니다. 꼭 이 방법이 아니더라도 간단한 시놉시스, 꼼꼼한 트리트먼트, 엑셀을 이용한 깔끔한 정리 등 자신에게 맞는 방법으로 이야기를 구성하면 됩니다.

중요한 것은 '관계'입니다.

현대로맨스에서 관계는 이야기의 가장 기본 구성이며 인물이 움직일 수 있는 영역이 어느 정도인지를 정해주는 아주 중요한 요소입니다.

작가는 인물의 능력이 미치는 부분, 힘을 쓸 수 있는 영역, 성격상 활동할 수 있는 범위가 어디까지인지 알아야 합니다. 캐릭터의 활동 범위와 한계에 따라 사건의 진행 방향이나 감정적 흐름의 맥을 결정할 수 있습니다. 또 주인공들이 서로 도움을 주고 받을 수 있는지, 주변 인물은 주인공을 어떻게 도울 수 있는지 등에 따라 이야기는 개연성과 타당성을 갖습니다. 구성의 개연성과 타당성은 독자가 이해하는 면에서 아주 중요한 요소입니다.

캐릭터 중심 마인드맵 작성해보기

2

내 캐릭터,
어떻게 만들면 좋을까?

여성향 웹소설, 현대로맨스에서는 남녀 두 주인공에게 어떤 매력이 있는지가 매우 중요합니다. 매력적인 주인공들 없이는 독자가 감정을 이입하거나 설렘을 느끼기 어려워합니다.

그럼, 매력적인 인물은 어떤 인물이며, 그 인물은 어떻게 만들어야 할까요? 인물을 설정할 때 필요한 구성 요소는 다음과 같습니다.

① **신체적인 요소**: 성별, 성적 매력, 인종, 나이, 키, 체형, 머리 모양, 신체적 결함, 질병 등 외형적인 모든 것.

② **내면적인 요소**: 기질, 본능, 감성, 욕구, 욕망, 목적, 생각, 윤리적 판

단, 도덕적 선택 등. 심리적 요소는 결말까지 가는 과정을 보여주기도 함.

③ 사회·문화적 요소: 가족이나 친구, 직장 동료 등과의 인간관계, 사회 계층 혹은 신분. 현대로맨스에서는 이런 '관계성' 중심으로 이야기 흐름을 만들어 나갈 수 있음.

자, 이제 매력적인 인물을 만들러 가봅시다.

신체적인 요소: 외형 만들기

먼저 머릿속에서 인물의 외형을 구체적으로 그려봅니다. 내 주인공을 머리부터 발끝까지, 머리 모양부터 눈, 코, 입, 얼굴형, 특징, 키, 몸무게와 체형까지 구체적으로 상상합니다. 잘 그려낼 수 있었나요?

현대로맨스의 남자 주인공은 외모가 우월합니다. 보통 이상향에 가까운 인물을 설정합니다. 이는 독자로 하여금 멋진 남자와 연애하는 꿈을 꾸게 해줍니다.

예를 들어, 예전 로맨스 웹소설에서는 남주의 키가 180㎝ 전후인 설정이 많았습니다. 그 당시의 이상적인 남자 키를 반영했기 때문입니다. 최근 작품들의 남주는 키 190㎝ 이상에 다부진

근육질로 정장이 잘 어울리는 체형일 때가 많습니다. 이상적인 남자 키가 변했기 때문입니다. 이런 설정은 그냥 나온 것이 아닙니다. 큰 키는 외형적인 면에서 다른 인물보다 우월함을 보여주죠. 이런 우월한 외모는 현시대의 멋진 남자의 기준이자 그 인물이 가진 힘과 권력을 상징합니다. 하지만 너무 완벽한 남자는 거부감이 들 수 있기에 하나쯤은 부족해야 하며, 여자 주인공이 바로 그 부분을 채워주게 됩니다.

여주는 독자의 워너비이자 독자가 일체감을 느끼는 대상입니다.

일체감은 대리만족의 가장 중요한 부분이죠. 여주의 외모를 설정할 때 예쁘기만 한 것이 아니라 어디선가 본 듯한 특징을 추가하면 더 친근감을 느낄 수 있습니다. 그러면서 남주에게 부족한 부분을 채워줄 수 있는 특별함이 있으면 좋습니다.

남녀 두 주인공의 외형이 서로 잘 조화되는지, 상호보완적인지도 생각해봅시다.

최근 로맨스 장르는 여주를 170㎝의 큰 키로 설정하기도 하는데, 이는 취향이라기보다 남녀 주인공의 이상적인 키 차이를 맞추기 위함입니다. 보통 머리 하나 정도가 이상적인 키 차이라고 하는데, 남주가 커졌으니 그만큼 여주도 커진 것이죠.

> 예

남주: 32세, 190㎝, 다크 브라운 헤어, 차가운 눈.
여주: 28세, 165㎝, 갈색 생머리, 사슴 같은 눈.

내면적인 요소: 성격 만들기

인물의 외형이 정해졌으면 이제 성격을 부여합니다. 이때 성격을 잘 설정하면 인물의 말투와 행동도 자연스럽게 정해집니다. 다정한 인물이라면 이런 말투를 쓸 거야, 까칠한 인물이라면 이렇게 행동할 거야, 순정남이라면 이런 일에 이렇게 반응하겠지. 하는 식이죠.

웹소설에는 남녀 주인공의 성격을 나타내는 키워드가 많습니다. **#엉뚱발랄녀, #도도녀, #자상녀, #순진남, #철벽남, #능글남** 등이죠. 이 중에서 인물의 핵심이 되는 키워드를 선정해서 쓰는 것도 좋습니다.

만약 성격을 임의로 정하기 어렵다면, 현실의 MBTI를 활용할 수도 있습니다. 캐릭터를 처음 구상하는 사람이라면 MBTI도 복잡하게 느껴질 수 있죠. 그럴 때는 더 간단히 '머리형 인간', '가슴형 인간', '주먹형 인간'으로 나눠볼 수 있습니다. 머리형 인간은 이성적인 성격, 가슴형 인간은 감정적인 성격, 주먹형 인간은 생각보다 행동파라고 이해하면 됩니다.

때로는 외면적 태도와 내면적 성향이 다른 성격을 만들 수도 있습니다. 무뚝뚝하지만 다정한 츤데레형이 대표적입니다.

> 예
>
> 남주: 32세, 190cm, 짙은 다크 브라운 헤어, 차가운 눈, 무표정하지만 내면은 헌신적인 성향.
>
> 여주: 28세, 165cm, 갈색 긴 머리, 갸름한 얼굴, 동그란 눈, 능력녀이지만 회피형 애착 성향.

사연 만들기

외형과 성격을 정했어도 인물이 완성된 건 아닙니다. 이제 우리 주인공들에게 특별한 사연을 부여합시다. 그 사연 속에 인물이 가진 결점이나 트라우마, 허점, 부족함 등을 넣어줍니다. 완벽한 캐릭터는 없습니다. 너무 완벽하면 재미가 없으니까요.

다만, 현대로맨스 속 남녀 주인공에게 결점을 줄 때는 서로의 부족한 면을 채울 수 있도록 설정하면 좋습니다. 상호보완적인 관계가 이상적이라고 보면 됩니다. 그래야 이야기 속에서 서로를 채워주는 상황을 많이 만들 수 있고 이를 통해 서로가 특별해질 수 있으니까요.

또 남녀 주인공을 '재회하는 관계'로 설정했다면 두 사람의 헤어짐에 이유와 의미가 있어야 합니다. 남자 주인공이 여자 주인공을 위해 어쩔 수 없이 이혼을 선택했지만, 그녀를 사랑하는 감정은 변하지 않았다고 한다면, 남주가 여주 앞에 다시 나타날 충분한 사유가 됩니다.

사회·문화적 요소: 배경 만들기

외형, 성격, 결점과 사연을 만들었지만 인물을 완벽하게 형상화하기에는 아직 부족합니다. 디테일이 더 필요합니다. 이는 인물의 역할을 정하는 장치이기도 합니다.

먼저 인물이 가진 시공간적 배경을 만듭니다. 어떤 시대, 어떤 지역에서 사는 인물인지, 가족 구성원은 어떻고 그 관계는 어떤지 등을 정해줍니다.

시공간적 배경에 따라 성별, 외형, 인종, 종교, 계층, 지위 등도 구체적으로 설정합니다. 앞에서 인물을 잘 만들어두었다면 비교적 쉬울 겁니다.

직업도 빠질 수 없습니다. 현대로맨스는 회사가 배경인 경우가 많으므로 직업의 체계를 알아두면 좋습니다.

> 예

호텔: 총지배인, 프런트 데스크, 컨시어지, 하우스키핑, 셰프, 포터, 홍보팀, 인사팀, VIP룸 담당 등 각 부서 매니저 및 직원.

기타 요소 만들기

그 외에도 캐릭터를 생생하게 만들 수 있는 여러 요소를 채워줍니다.

습관은 무엇이고 어떤 독특한 취향이 있는지, 무엇을 좋아하고 무엇을 싫어하는지를 꼼꼼하게 설정하면 인물이 기초적으로 형상화된 것입니다. 형상이 구체적이고 생생할수록 매력적인 인물이 됩니다.

캐릭터를 만드는 과정도 이야기의 씨앗이 되기 때문에 주요 캐릭터는 꼭 설정하고 나서 이야기를 만듭시다.

> 예

운전 안 함: 과거 교통사고를 당해 운전을 하지 않는다는 설정을 만들 수 있음.
무의식적으로 손목시계 확인: 습관으로 인물의 성격 표현.

등장인물의 역할 정하기

우리는 매력적인 남녀 주인공을 설정했습니다. 그러나 아무리 잘 만들어진 인물이라도 이들만 있다면 그 매력을 보여주기 어렵습니다. 대비되는 인물이 있어야 주인공의 매력이 살아납니다.

등장인물은 역할과 비중에 맞게 만들어집니다. 매력적인 인물은 주어진 역할에 맞고 사건을 잘 끌어가는 존재입니다. 그래서 인물을 설정할 때는 '역할'과 '서사적 기능'을 함께 고려해야 합니다.

그럼, 이런 캐릭터들을 몇 명이나 만들어야 하고, 그들의 역할 및 기능은 무엇일까요?

여성향 웹소설은 두 주인공을 중심으로 조력자, 서브, 악역 엑스트라 등이 필요합니다. 주인공만큼이나 이들의 역할도 중요합니다.

서브는 주인공을 돋보이게 해줍니다. 외모적이나 성격적으로 주인공과 대조적인 면을 보여줄 때가 많습니다.

악역은 주인공과 대립하며 사건을 이끌어가는 역할입니다. 그만큼 주인공에 반하는 행동을 주로 하는 인물입니다.

엑스트라의 경우 특별하진 않지만, 소식을 전달하거나 소문을 내거나, 수군거림을 통해 자신의 역할을 해줍니다.

현대로맨스 등장인물의 역할 및 서사적 기능

유형	역할 및 서사적 기능
여자 주인공	작품의 중심이며 독자가 감정을 이입해 대리만족할 수 있는 대상. 이야기 속 성장과 극복, 연애 감정을 주도함. 독자의 워너비로 설계
남자 주인공	여주와 함께 중심 서사를 이끌며, 주로 판타지적 요소나 갈등을 제공. 감정적 긴장감과 해소, 보호자 혹은 라이벌로서 서사의 축 역할
서브 캐릭터(이성)	주인공의 감정선을 자극하며 삼각관계 또는 갈등 구도 형성. 주인공과 대조적인 매력(성격, 외모 등)으로 이야기의 색채를 넓힘
서브 캐릭터(동성)	주인공의 친구, 조언자 또는 직장 동료 등. 감정의 창구이자 사건의 중간 고리 역할. 현실감을 높이고 독자의 공감 유도
악역	주인공과 대립해 사건을 이끌고 주인공에게 시련과 갈등을 줌. 외적인 대립뿐 아니라 심리적 압박과 복선을 유발. 이야기의 긴장감을 이끄는 존재
자잘한 악역	주된 악역과는 다른 차원의 작은 갈등을 일으킴. 에피소드 단위로 활약하며 독자의 스트레스를 해소하거나 웃음을 유발
조력자	주인공에게 정보 제공, 심리적 지지 등의 실질적인 도움을 주는 인물. 이야기의 방향을 자연스럽게 유도
엑스트라	조연급 이하의 등장인물, 소문, 정보, 장면의 분위기를 전달하며 무대의 현실감을 살리는 역할

이러한 역할 구분을 명확히 하면 캐릭터의 성격뿐만 아니라 장면 배치와 갈등 구조도 자연스럽게 설계할 수 있습니다.

그러므로 주인공들만큼 깊이 있는 설정은 어렵더라도 아래와 같은 최소한의 설정은 갖춰두는 편이 좋습니다.

① **기본 정보**: 이름, 나이, 직업, 외모, 말투, 행동 스타일 등.
② **성격의 층위**: 외적인 태도 VS 내면적 성향.
③ **서사적 역할**: 갈등을 유발하거나 해소하는 기능, 주제와 연결되는 상징적인 존재 등.

예

남주: 32세, 190cm, 짙은 다크 브라운 머리색, 차가운 눈, 무표정하지만 내면은 헌신적인 성향.
여주: 28세, 165cm, 갈색 긴 머리, 갸름한 얼굴, 동그란 눈, 능력녀이지만 회피형 애착 성향.
서브남주: 28세, 182cm, 짧은 스포츠헤어, 다정한 성격, 밝은 유머 코드.
악역 서브여주: 29세, 167cm, 웨이브 헤어, 살짝 올라간 눈매, 질투와 경쟁심 강함.

※ 여주는 고졸 출신이지만, 능력과 자존감을 갖춘 캐릭터. 억울한 누명을 벗고자 고군분투하며, 남주는 그런 여주를 돕는 위치. 여주의 서사를 따라가는 동안 독자 스스로가 성장하고 복수하는 느낌을 받도록 설계 예정. 독특함은 캐릭터 설정이 아니라 감정선과 관계성에서 드러남.

캐릭터의 이미지를 떠올리기 어려운 경우, 참고할 만한 연예인을 모델로 삼는 것도 도움이 됩니다.

저도 처음 소설을 쓸 때는 제가 가장 좋아하는 연예인들의 외형을 빌려오곤 했습니다. 이 방법의 단점은 제 한결같은 취향이었죠. 얼마나 대쪽 같았는지 다들 비슷한 외모가 되곤 했습니다.

그래서 그다음부터는 주변을 둘러봤습니다. 많은 상상력을 동원해야 했지만, 외형보다 구체적으로 캐릭터를 설정하며 다양한 성향을 만들 수 있었습니다.

▶ 캐릭터 형상화 팁

외형: 키, 체형, 머리 스타일, 눈매, 분위기 등을 가능한 한 구체적으로 설정.

성격: 하나의 중심 성격을 기준으로 확장. MBTI, 머리형/가슴형/주먹형 구분 활용.

결점과 트라우마: 완벽하지 않은 캐릭터일수록 서사적 설득력이 높아짐. 현대로맨스에서는 두 주인공이 서로의 결점을 보완하는 관계가 이상적.

비하인드 설정: 캐릭터의 숨은 과거, 상처, 비밀 등이 이야기에 깊이를 부여함.

3

사건은 감정으로부터 시작된다

우리가 소재를 찾고, 인물 관계를 열심히 설정한 이유는 이야기를 만들고 소설을 쓰기 위해서입니다.

소설의 기본을 기억하십니까? 소설은 인물, 사건, 배경 이 세 가지가 어우러진 가상의 이야기입니다. 소설의 스토리를 만들 때는 일반적으로 시간 순서에 따라 사건을 배치하지만 글을 쓸 때는 꼭 서사 순서대로 쓰지는 않습니다.

특히 웹소설은 '어떤 사건을 어떻게 배치해 전달할 것이냐' 하는 플롯이 중요한 장르입니다. 또 현대로맨스는 인물 간의 대립과 갈등, 선택과 반응이 사건을 만들어내며, 이 사건들이 인물의 감정과 관계의 변화를 이끄는 중요 장치가 됩니다.

그러므로 여기서는 전통적인 시간순의 기승전결에 맞춰 사건을 구성하기보다는 먼저 '사건'이란 무엇이며, 우리 주인공의 감정과 행동을 끌어낼 사건을 어떻게 만드는지 살펴보고, 그 이후에 현대로맨스 웹소설에 어울리는 서사 및 플롯의 배치 방법을 알아보겠습니다.

사건의 구분: 외부 VS 내부 사건

사건은 이야기의 전개를 이끄는 핵심 장치이며, 인물의 감정 변화와 플롯을 구체화합니다.

초보 작가가 웹소설을 처음 구성할 때, 하나의 사건만을 가지고 시작하는 경우가 종종 있습니다. 틀린 것은 아닙니다. 다만 웹소설은 매우 긴 장편이기 때문에 아주 많은 사건과 에피소드가 필요합니다. 이야기의 기둥이 되는 큰 사건 외에도 작은 사건들이 계속 이어진다는 점이 웹소설의 큰 특징입니다.

현대로맨스 웹소설 70화를 기준으로 했을 때, 가장 큰 주요 사건 하나를 제외하고 기승전결 각 부분마다 최소 4~5개의 에피소드가 나와야 합니다. 생각보다 꽤 많으므로 사건을 잘 만드는 것이 중요합니다.

사건은 크게 '외부 사건'과 '내부 사건'으로 나눌 수 있습니다.

① 외부 사건

인물의 행동, 공간의 변화, 시간의 흐름에 의해 발생하는 외적인 움직임입니다. 주로 갈등의 직접적 계기가 되며, 눈에 보이는 변화나 대립하는 상대 또는 집단과의 충돌을 중심으로 전개됩니다. 인물들이 상호작용을 해서 감정이 발화되는 기점이 되기도 합니다.

> 예
>
> 여주가 출근 첫날 엘리베이터 안에서 남주와 우연히 부딪힘.
> 회식 도중 남주가 전 연인과 함께 있는 장면을 여주가 목격함.
> 여주가 계약 조건을 위반해 회사의 경고를 받고 팀을 옮김.
> 가족 행사에 동행한 여주가 남주 가족들에게 거절당함.
> 그 외 이직, 사고, 여행, 고백, 질투 유발 장면, 오해 발생 등.

② 내부 사건

인물 내면에서 일어나는 정서적, 심리적 움직임입니다. 외부 사건의 결과로 촉발되거나, 과거의 기억, 트라우마, 상실감, 죄책감, 절망, 노여움, 슬픔, 기쁨, 기대 등의 정서가 작용해 감정선을 깊게 만듭니다. 현대로맨스에서는 이런 감정의 내적 흐름을 잘 묘사하는 것이 가장 중요합니다.

> 예
>
> 남주의 사소한 다정함에 여주의 가슴이 뛰기 시작함(설렘).

남주에게 고백받은 여주가 과거 트라우마 탓에 심리적으로 동요함.
여주의 부모와 남주의 과거가 밝혀져 혼란스러움.
후회와 죄책감이 쌓인 남주가 감정을 통제하지 못함.
오랫동안 억눌러온 열등감이나 상실감이 드러나며 내면의 붕괴로 이어짐.

이처럼 외부 사건은 이야기의 가시적 변화를 이끌고, 내부 사건은 인물의 감정선과 성장, 몰입을 설계하는 데 중심이 됩니다. 두 축은 상호보완적으로 작용하며, 사건의 강도와 방향을 정교하게 조절해줍니다.

사건의 핵심 요소인 갈등

갈등은 인물의 목표가 장애물과 충돌하고 대립하면서 발생하며, 사건을 만들고 이야기의 밀도를 높이는 가장 중요한 요소입니다. 이런 갈등을 만드는 존재는 캐릭터입니다. 인물과 인물의 관계에서 갈등이 생기고 사건으로 발전하기 때문이죠.

갈등은 크게 '외적 갈등'과 '내적 갈등'으로 나눌 수 있습니다.

① 외적 갈등

외부 인물, 제도, 사회적 상황, 사건 등 외부적 요소가 갈등의 원인이 됩니다. '상대적 갈등', '사회적 갈등', '절대적 갈등'이 있으며, 극적 장면과 긴장을 유발해 이야기를 전전시킵니다.

상대적 갈등은 개개인이 추구하는 목표가 상충되어 문제가 발생할 때 생기는 갈등입니다. 그래서 갈등의 대상이 존재합니다. 주인공과 악역의 대립을 상대적 갈등의 예시로 볼 수 있습니다. 때로는 여자 주인공의 혼란한 마음이 남자 주인공과의 외적인 갈등을 만들기도 합니다.

사회적 갈등은 개인과 집단, 개인과 사회 제도 사이의 갈등입니다. 여주가 혼자 사회적 제도에 맞서는 건 쉬운 일이 아닙니다. 그래서 회사 등 집단 내의 악습에 맞서는 이야기가 등장하고, 이 과정에서 남주와의 관계를 발전시킬 수 있습니다.

절대적 갈등은 초자연적인 존재나 힘과의 갈등입니다. 현대로맨스에도 빙의나 회귀, 환생 등의 요소를 가미해 신의 힘이 개입된 것으로 설정하면 갈등 요소로 만들 수 있습니다.

> **예**
> 여주와 직장 상사인 남주는 계약 관계로 묶여 있어 연애가 어려움.
> 남주의 가족이 여주의 배경을 문제 삼아 결혼을 반대함.
> 서브 남주가 여주에게 고백하며 삼각관계가 형성됨.
> 과거 인연이 있는 악역의 등장으로 두 사람의 신뢰가 흔들림.
> 직장 내 경쟁자, 가족 반대, 신분 차이, 계약 조건 등.

② 내적 갈등

인물 내면에서 발생하는 감정, 신념, 가치관, 욕망의 충돌입니다. 인물이 가진 결핍이나 상처, 욕망, 야망과 이를 극복하거나 이루려면 해야 하는 것들이 갈등과 사건을 만듭니다.

내적 갈등은 인물을 두려움에 떨게 하거나 후회하게 합니다. 비밀을 드러낼 수 없어 전전긍긍하게 만들고, 어떤 사건 앞에서 자신의 도덕적 기준이나 마음이 모순을 일으키기도 합니다. 이런 내적 갈등은 독자의 감정 이입을 유도하고, 인물이 성장하는 데 핵심이 됩니다.

특히 현대로맨스에서 주인공들의 내적 갈등은 사랑을 이루고 성장하는 과정의 중요 요소라 표현할 때 신경을 많이 써야 합니다.

예

여주는 과거 연애 트라우마 탓에 새로운 사랑을 받아들이시 않으려 했으나 남주가 반복해서 진심을 표현하자 점차 마음이 흔들림.
남주는 성공하려는 목표 때문에 사적인 감정을 억누르는 사람이지만, 여주를 만나며 점점 혼란스러워짐.
첫사랑에 대한 미련과 새로운 인물에 대한 끌림 사이에서 흔들리는 감정.
연애에 회의적인 여주 vs 설레는 감정, 책임감 강한 남주 vs 가족과의 갈등 등.

갈등은 단순히 충돌에서 그치는 것이 아니라, 인물의 선택을 통해 해결의 실마리를 만들어내는 과정이어야 합니다. 특히 웹소설에서는 회차마다 작지만 명확한 갈등 요소가 있어야 독자의 집중도를 유지할 수 있습니다.

"주인공이 원하는 것은 무엇이고, 그것을 방해하는 것은 무엇인가?"

이 질문의 답이 각 사건과 장면, 에피소드의 방향을 결정짓는 힘이 됩니다.

대립을 강조하는 요소

갈등을 표현할 때 대립하는 요소가 있다면 대조적인 면을 부각합니다. 대립에는 '육체적 요소', '정신적 요소', '사회적 요소'가 있습니다.

① 육체적 요소

성별, 성적 매력, 인종, 나이, 외형, 신체적 결함, 질병 등이 있습니다. 보통 성별에 따라 사회적 역할을 나누는 것, 주인공이 아프거나 저주를 받는 것도 육체적 대립 요소를 활용한 것입니다.

② 정신적 요소

기질, 본능, 감성, 욕구와 욕망, 목적, 생각, 윤리적 판단, 도덕적 선택 등이 있습니다. 자신의 소신을 지키거나 배신했을 때 발생하는 대립을 예로 들 수 있으며 남녀 주인공의 감정 대립도 여기에 속합니다.

③ 사회적 요소

가족 관계, 친구 관계, 사회적 관계, 등의 대인 관계, 사회 계층 혹은 신분 차이 등이 있습니다. 많은 설정이 사회적 요소에서 파생됩니다. 관계성에 따라 다양하게 활용할 수 있습니다.

대립과 갈등은 소설의 주제와 교훈을 전달합니다. 재미 위주의 웹소설에는 주제와 교훈이 없다고 생각하기 쉽지만, 쉽고 편하게 접근할 뿐 주제나 전달하려는 의미가 없는 것은 아닙니다.

그러므로 소설 속 인물이 누구와 대립하고 갈등하는지, 어떤 것과 맞서는지를 잘 생각해서 캐릭터를 움직여봅시다.

우리가 쓰는 글의 사건은 인물의 대립과 갈등으로 만들어지며, 그가 움직이는 최종 목적과 방향, 결말은 우리의 선택입니다.

다만 우리가 사는 현실에 아주 작은 행복을 전달하고자 현대 로맨스는 해피엔딩으로 끝내는 경우가 많을 뿐입니다.

4

플롯 설계, 이렇게 하면 쉽다

여러분은 '스토리'와 '플롯'의 차이를 알고 있나요?

스토리는 우리가 만든 이야기를 시간순에 따라 나열한 전반적인 서사입니다. 플롯은 스토리를 형상화하려고 여러 요소를 유기적으로 배열하거나 서술한 것으로, 즉 이야기를 잘 전달하기 위한 구성(연출)이라고 볼 수 있습니다.

플롯은 이야기를 따라가게 만드는 뼈대입니다. 특히 웹소설은 짧은 1회 분량 안에서도 기-승-전-결의 흐름이 명확하고 흥미로워야 독자의 이탈을 막을 수 있습니다.

플롯의 기본 구조

플롯의 기본 구조는 '만남(기) → 갈등(승) → 위기(전) → 해결(결)'입니다. 이해를 도울 예시로 간단한 이야기를 만들며 설명해 보겠습니다.

① **만남**: 두 인물이 처음 마주치는 장면. 관계의 시작을 암시하고, 이후 감정의 기반이 되는 사건.

> 예
>
> 여주가 새로 부임한 회사에서 남주와 처음 마주친다. 첫눈에 반하지 않았지만, 작은 마찰이 남는다.

② **갈등**: 인물 간 혹은 인물 내면의 충돌이 시작되는 지점.

> 예
>
> 남주가 여주의 실수를 덮어준 이후, 여주는 자신의 자존심과 감정 사이에서 혼란을 겪는다.

③ **위기**: 관계가 흔들리는 가장 극적인 사건. 인물의 심리적 반응이 극대화되는 구간.

> 예
>
> 남주의 정체가 여주의 아버지를 망하게 한 회장의 아들이라는 사실이 드러난다.

④ **해결**: 인물이 선택을 내리고, 감정 혹은 관계가 정리되는 지점.

예

남주는 진심을 증명하려고 회사를 포기하고, 여주와 새 삶을 시작한다.

플롯 설계, 이렇게 하면 쉽다

플롯을 구성할 때 꼭 서사의 처음부터 시작할 필요는 없습니다. 시작 부분 이전에 일어난 사건은 비하인드 스토리로 남겨두고 내용상 꼭 필요한 부분만 짧게 설명하면 됩니다. 저자가 그 이야기에 흥미가 있거나 이를 통해 주인공에게 재미를 더하고 싶으면 외전에서 풀어도 무방합니다.

그러나 플롯을 시간순으로 배열하지 않더라도 과거와 현재를 너무 자주 왔다 갔다 하면 이야기가 복잡하고 산만해질 수 있으니 조심해야 합니다.

이제 매력적인 플롯을 구성하는 에피소드 배열 방법을 알아봅시다.

먼저 이야기의 주요 장면, 사건을 자유롭게 나열합니다. 이후 그것을 시간순 혹은 감정선 순으로 재배열합니다. 그중 가장 임팩트 있는 장면을 초반부 혹은 회상 장치로 배치해 독자의 흥미를 유도합니다.

현대로맨스는 1~5화까지가 가장 중요합니다. 1~5화까지는 절대 흐름이 끊기지 않고, 몰입도를 높여야 합니다. 그러므로 임팩트 있는 장면이 가장 처음에 나오면 좋습니다. 다만 초반에 전체를 다 보여주지 않도록, 작가가 자기만 아는 이야기를 하지 않도록 주의해야 합니다.

또 회차당 핵심 갈등 또는 감정 전개 하나에 집중하는 것이 좋습니다.

예

시간순: 평온 → 위기 → 극복.
임팩트 있는 장면 우선: 위기 → 극복 → 평온.
감정선 순: 첫 만남 → 혼란 → 회피 → 갈등 → 다짐 → 관계 진전.

플롯의 속도 조절하기

모든 에피소드가 비슷한 속도로 전개되면 이야기의 강약이 없어지고 독자가 지루함을 느낄 수 있습니다. 웹소설은 글의 속도와 리듬이 중요한 장르입니다. 빠르게 전개할 부분과 천천히 진행할 부분의 구별은 필수입니다.

첫 사건은 긴장감과 임팩트를 주려고 빠르게 진행하기도 하지만 이후에는 사건의 중요도에 따라 속도를 조절합니다.

남녀 주인공의 애정이 가득한 장면은 천천히 흘러가야 좋습니다.

반면에 주인공이 없는 장면은 사건에 크게 영향을 주지 않는다면 최대한 빠르게 지나갑니다. 주인공의 감정선에 영향을 주지 않는 조연 서사는 독자의 피로도를 높이므로 과감히 생략해도 됩니다. 조연의 이야기는 주인공과 직접적인 관계가 있을 때만 활용하는 것이 좋습니다.

기승전결의 재해석

요즘 웹소설은 일반적으로 '1화 1전개', '1화 1긴장' 구조로 구성합니다. 따라서 각 회차를 기승전결에 맞춰 설계하면 몰입도를 높일 수 있습니다.

다만, 웹소설처럼 속도감 있고 긴 장편인 데다가 현대로맨스처럼 감정 몰입이 중요한 경우, 전통적인 기승전결 구조를 변형하여 활용할 필요가 있습니다. 특히 회차마다 갈등과 후킹 포인트가 필요한 웹소설에서는 다음과 같은 현대적 재해석이 필요합니다.

① **기**: 인물 소개와 사건의 단서 제시 → 1화에서 인물의 인상과 배경, 감정의 방향성을 간결하게 보여줌.

예

회식 자리에서 남주를 우연히 처음 본 여주가 다음 날 그의 부하로 출근하는 반전.

② **승**: 갈등 심화와 관계 변화 → 인물들이 감정적으로 충돌해 독자의 몰입 유도.

예

여주는 트라우마 탓에 남주의 고백을 받아들이지 못하고 도망치지만, 남주는 포기하지 않음.

③ **전**: 결정적 위기, 오해, 반전 등 주요 변곡점 → 독자의 궁금증을 최고조로 끌어올려 다음 회차를 읽도록 유도.

예

남주의 정체가 과거 아버지를 망하게 만든 재벌 2세임을 여주가 알게 됨.

④ **결**: 갈등 해소 또는 감정적 절정 → 완전한 해결이 아닌 감정적 전환점 정도로 구성해 다음 국면을 이어감.

예

남주가 자신의 정체를 인정하며 사과, 여주가 완전히 받아들이지는 않고 감정의 균열이 시작됨.

'기'에서 시작했다가 '결'에 끝나고, '승'에서 시작해서 '승'으로 끝날 수도 있습니다. 앞 회차에서 '기승전'까지 이야기를 진행했다면 다음 회차는 '결'로 시작하면 됩니다. 또한 사건 길이에 따라 '기승전전전전결'로 회차를 이루기도 합니다.

효과적인 플롯이란 인물의 감정선, 갈등, 관계의 흐름이 끊임없이 이어지는 구성입니다. 단순한 사건 나열이 아니라, 인물이 왜 그런 선택을 했는지를 보여주는 것이 중요합니다.

주인공의 목표: 사랑, 자존감 회복, 복수 등.
갈등 요소: 감정의 혼란, 사회적 장벽, 오해, 상처 등.
클라이맥스: 주인공이 위기 속에서 결정적인 선택을 하는 순간.

웹소설은 재미 중심이지만, 대립과 갈등이 존재한다는 것은 주제와 메시지가 있다는 뜻입니다. 갈등하는 과정에서 인물의 선택과 극복을 통해 주제 의식을 드러냅니다.

이를 위해 회식, 여행, 오해, 질투, 고백, 사고, 퇴사 등 감정을 증폭시키는 작은 사건들을 효과적으로 배치하여 활용하는 플롯이 중요합니다.

5

시놉시스, 줄거리보다 더 중요한 그 한 장

제가 처음 글을 쓰기 시작했을 때는 시놉시스만큼 어려운 게 없었던 것 같습니다. 시놉시스 자체를 처음 쓰다 보니 제대로 쓰고 있는지 도 살 모르겠더군요.

시놉시스는 어떻게 써야 할까요?

뭣보다, 왜 시놉시스를 써야 할까요?

시놉시스의 필요성과 기능

시놉시스는 단순한 줄거리 요약이 아니라, 작가가 스스로 이야기를 점검하고 플랫폼이나 PD, 편집자에게 기획 의도를 명확히 전달하는 개요문이자 기획서입니다. 작품의 성격과 줄거리, 인물 구성, 핵심 갈등, 감정의 흐름을 잘 정리한 시놉시스는 완성도 높은 연재에 필요한 설계도이자 로드맵으로서 다음과 같은 역할과 기능을 합니다.

① 작가의 설계도

막연했던 아이디어를 구체화하고, 이야기의 중심축과 방향을 잡도록 돕습니다. 인물 간 관계와 사건 흐름, 감정선을 시각화함으로써, 장편 집필 중 발생하기 쉬운 설정 오류나 혼선을 줄일 수 있습니다.

② 작품의 중심 메시지 정리

주제, 인물의 목표, 갈등 구조를 통해 독자에게 어떤 감정을 전달하고 싶은지를 명확히 파악할 수 있습니다. 이는 집필 중 흔들리지 않는 이야기의 중심을 만들어줍니다.

③ 실무적인 필수 요소

플랫폼 투고, 공모전 출품, 출판사 투고 및 제안서 작성 시 반드시 요구되는 핵심 문서입니다. 플랫폼 PD, 편집자, 심사위원에게 작가의 역량과 기획력을 보여주는 가장 직접적인 수단입니다.

④ 작가가 작품을 처음 마주하는 단계

집필 전, 작가가 자신의 작품 세계와 감정선을 가장 명확히 정리하고 친숙해지는 시간이기도 합니다. 이 과정은 이후 작품 속 장면과 감정의 깊이를 더욱 풍성하게 만드는 기반이 됩니다.

정리하자면, 시놉시스는 작가의 창작 전략과 독자의 몰입을 연결하는 다리이며, 창작의 출발선이자 나침반 역할을 합니다.

시놉시스 구성 항목

시놉시스는 플랫폼, 편집자, 작가 자신에게 작품의 핵심을 한눈에 보여줍니다. 작품을 소개하는 기획서에는 꼭 넣어야 할 항목들이 있기 마련입니다. 다음은 시놉시스에 포함해야 할 주요 항목들과 예시입니다.

① 제목(가제)

제목은 독자의 시선을 끌어야 하지만, 시놉시스 단계에서는 너무 고민하지 않아도 됩니다. 정말 이거다 하는 제목이 없다면 일단 가제를 쓰고 시작하면 됩니다.

작가가 정한 제목이 출간할 때 바뀌는 경우도 많습니다.

제 작품 《전남편이라서 더 좋아》의 원래 제목은 '그녀와 그의 완벽한 사생활'이었습니다. 그런데 출간 당시 가장 핫한 키워드 중 하나였던 '전남편'이라는 단어를 쓰는 것이 좋겠다는 의견을 반영해 바꿨습니다. 《조건 보고 결혼》이라는 작품은 '은밀한 거래'라는 가제로 시작했지만 작품과 잘 어울리지 않는다고 판단해 '결혼'이란 키워드를 활용한 제목으로 변경해 출간하게 되었습니다.

이렇듯 제목은 흥미 유발과 작품과의 연관성을 고려해 원제목과 다르게 출간되기도 하므로, 처음부터 제목에서 진을 빼지 마시길 바랍니다. 작품의 정체성과 분위기를 담은 임시 제목을 적으면 됩니다.

② 장르 및 타깃 독자층

우리는 현대로맨스를 쓰기로 했으므로 이를 적어주고, 그다음으로 타깃 독자(타깃층)을 적습니다. 장르와 타깃 독자의 연령대를 설정하면 글의 셀링 포인트를 잡는 데 도움이 됩니다.

그럼 타깃층은 어떻게 잡아야 할까요?

저는 글을 쓰는 작가의 나이 위아래로 연령층을 선택하면 좋다고 생각합니다. 작가가 그 연령층을 제일 잘 알기 때문이죠. 그래서 작가가 30대라면 30~40대 혹은 20~30대로 설정하면 좋습니다.

가끔 전체연령가라며 타깃층을 10~50대로 잡는 분도 있는데, 이는 글을 읽을 수 있는 연령층이지 핵심 독자를 특정한 것이 아닙니다. 타깃층은 너무 광범위하기보다 딱 두 개의 연령층을 선택하는 걸 추천합니다.

> **예**
>
> 장르: 현대로맨스 / 로맨스판타지 등.
> 타깃층: 20~30대 여성 독자 / 30~40대 여성 웹소설 플랫폼 사용자 등.

③ 셀링 포인트

셀링 포인트는 감정선, 설정, 인물 관계 등에서 작품만의 차별화된 강점, 독자에게 어필할 포인트를 간단히 적습니다.

> **예**
>
> 이혼한 전남편과의 계약 동거로 시작되는 두 번째 연애.
> 감정 회피형 여주와 헌신적인 남주의 극과 극 연애 온도차

④ 로그라인

로그라인은 한 문장으로 요약된 작품의 핵심 전개로, 깊은 인상을 주는 광고 문구처럼 직관적이고 매력적으로 작성하면 됩니다. 로그라인을 소개글처럼 길게 쓸 필요는 없습니다. 내용을 집약해서 인상적으로 2~3줄 정도 표현하면 적당합니다. 물론 더 짧아도 상관없습니다. 중요한 것은 호기심을 자극해야 한다는 것입니다.

> 예

복수는 차갑게, 사랑은 뜨겁게. 전남편과 계약 연애가 시작된다.
전남편과 계약 연애, 복수는 달콤하게 시작된다.

⑤ 핵심 키워드

키워드는 최소 4개 이상을 선정하면 좋습니다. 너무 많은 키워드는 이야기가 산만하다고 느끼게 만들 수 있으므로 장르, 스토리, 관계성, 중심 성격 등 중점을 둘 만한 키워드만 4~6개 쓰는 것이 좋습니다.

> 예

#계약연애 #전남편 #복수 #능력녀 #무심남 #오피스물

⑥ 주요 인물 소개

현대로맨스 웹소설의 시놉시스를 작성할 때는 주인공 2명과 핵심 조연, 악역을 함께 씁니다. 가끔 주인공만 쓴 시놉시스도 있는데, 이러면 주된 인물 구성이 없다고 여길지도 모릅니다. 그래서 주인공을 포함해 최소 4명은 꼭 써야 합니다. 그렇다고 불필요한 인물을 쓸 필요는 없습니다.

인물마다 이름, 외형 특징, 성격 요약, 주요 설정을 간단히 적습니다. 그 외에 비하인드 스토리와 인물의 허점이나 결점, 트라우마가 있다면 적어둡니다.

예

윤서하(28) - 광고기획사 팀장. 냉정하고 능력 있는 커리어우먼. 전남편의 배신 이후 감정을 닫고 살아간다.
강지후(32) - 광고기획사 부대표. 서하의 전남편. 진심을 숨기고 그녀 곁을 맴돌며 복수를 감수하겠다는 결심을 품는다.

⑦ 줄거리 요약(스토리 전개)

그냥 줄거리를 작성하면 초반만 길게 쓰고 뒤로 갈수록 설명이 부족해지기 쉽습니다. 그럴 때는 이야기를 기승전결로 나눠 하나씩, 총 1페이지 이상 작성하면 좋습니다. 기승전결 항목마다 에피소드가 최소 4개에서 5개 정도가 들어가면 적절히 배분된 글이 나옵니다. 또 이야기 전반부터 결말까지 써야 합니다. 나중에 변경되더라도 결말이 있어야 이야기가 완성되니까요.

⑧ 핵심 사건 구성(선택)

작품 속 주요 갈등과 감정의 전환점을 최소 5개 이상 제시합니다. 줄거리에 녹일 수도 있지만 한눈에 볼 수 있게 제시하면 내용을 파악하기 편합니다. 특히 기승이 끝나는 부분에는 전환점이 될 만한 사건이 필요하고, 전에서는 모든 갈등이 해소될 만한 사건을 구성하는 편이 좋습니다. 물론 결은 현대로맨스 웹소설에 맞게 해피엔딩으로 마무리해야 겠죠.

> [예]
> 1. 재회 후 회사 내 계약 연애 제안.
> 2. 질투 유발 + 감정 혼란.
> 3. 과거 이혼의 진실과 오해 해소 시도.
> 4. 회사를 둘러싼 음모와 협공.
> 5. 두 사람의 재선택과 관계 회복.

⑨ 기획 의도(선택)

작품을 통해 말하고자 하는 주제나 메시지, 감정을 작성합니다.

> [예]
> 사랑에도 두 번째 기회가 존재한다. 상처와 오해를 극복하고 다시 사랑하는 법을 배우는 이야기.

시놉시스 작성 팁

시놉시스를 쓸 때 가장 중요한 것은 '간결하고 명확하게, 그러나 인물의 감정선과 갈등 구조가 잘 드러나야 한다'는 점입니다. 작가뿐만 아니라 플랫폼 PD나 편집자도 한눈에 작품의 방향성과 매력을 파악할 수 있도록 구성해야 합니다.

① 문장은 서사 중심으로

지나치게 과장된 홍보성 문구는 피하고, 캐릭터 설명과 갈등 구조, 플롯의 흐름에 기반하여 작성합니다.

② 감정의 흐름을 구조에 녹일 것

현대로맨스의 시놉시스를 쓸 때는 단순히 사건을 나열하는 것이 아니라, 인물의 감정 변화가 보이도록 구성합니다. '여주의 감정 변화 → 남주의 선택 → 관계의 위기 → 감정의 극복' 순으로 쓰면 효과적입니다.

③ 로그라인은 스토리의 본질을 담아 작성

로그라인은 광고 문구처럼 매력적이되, 스토리의 본질을 충실히 담은 한 문장이 가장 좋습니다.

④ 1~2페이지 분량이 이상적

시놉시스를 지나치게 길고 장황하게 쓰면 읽는 사람의 집중력을 떨어뜨리고, 반대로 너무 짧으면 구성력이 의심될 수 있습니다. 총 1~2페이지가 가장 이상적입니다.

⑤ 4~6개의 명확한 키워드 설정

혼잡하지 않게 조화로운 핵심 키워드만 4~6개로 설정합니다.

⑥ 이야기의 흐름은 기-승-전-결에 맞춰 작성

기승전결에 맞춰 전반적인 서사를 담으면서, 시작점과 전환점, 감정적 절정, 결말의 감정이 어떻게 연결되는지를 보여줘야 합니다.

⑦ 사건 위주의 에피소드 배열로 후반 집필 대비

회차별 주요 사건을 나열해보면, 중간 전환점이나 후반 클라이맥스 계획이 선명해집니다. 작품이 아직 완성되지 않았더라도, 후반 계획이 명확하면 완결까지 끌고 갈 힘이 있다고 판단할 수 있습니다.

시놉시스는 작가의 생각을 정리하는 가장 강력한 훈련 도구입니다. 잘 쓴 시놉시스는 작품의 전체를 이끄는 나침반이 됩니다. 이제 제가 쓴 실제 시놉시스 예시를 함께 살펴봅시다.

시놉시스 예시

작품명	가제: 그가 선물로 왔다		
장르	현대로맨스	**타깃층**	30~40대 여성
셀링 포인트	쓰레기 전 남친 대신 능력 있고 잘생긴 상사와의 사랑을 통한 통쾌한 복수와 독자의 대리만족.		
로그라인	가장 최악의 날 그가 내게 선물로 왔다.		
키워드	#오피스물, #상처녀, #츤데레남, #몸정>맘정		
주요 등장인물			

이름/나이/성별	외모/성격/성향	비하인드 스토리
채송하 (29세, 여)	165cm, 갈색 긴 생머리, 생계형 직장인, 꿋꿋하게 현실에 맞춰 살아감, 능력 있는 비서.	어머니가 재혼해 새아버지 사이에 어린 동생이 있다.
차주혁 (30세, 남)	185cm, 어두운 갈색의 짧게 넘긴 머리, 워커홀릭, 완벽주의자, 능력 만점, 일 이외에 무관심.	부모의 이혼이 자신의 탓이라 생각, 외할아버지의 인정을 받기 위해 일함.
박인하 (30세, 남)	177cm, 전남친, 같은 회사 직원, 기회주의자.	송하를 이용해 승승장구하다 실세인 김 이사의 조카를 만나 환승함.
김미영 (26세, 여)	162cm, 웨이브진 긴머리, 능력 없고 삼촌 빽으로 회사에 들어온 낙하산.	

스토리 전개(각 단계별 사건, 재미 포인트를 중점적으로 이야기 구성)	
기	1. 전남친의 결혼식장 신부대기실에서 신부인 신입에게 한 방 먹임. 2. 하필 생일에 혼자 남아 호텔 바에서 술을 마시고 잘못 들어간 호텔 룸에서 처음 보는 남자와 하룻밤. 3. 출근한 회사에서 다시 만난 남자가 하필 새로 온 상사. → 송하는 모르는 척함. → 오기가 생긴 주혁은 송하를 괴롭힘. 4. 송하가 주혁에게 남기고 간 돈 때문에 결국 그와 거래.
승	5. 신혼여행에서 인하 돌아옴. → 쫓겨날 줄 알았던 미영도 함께 출근. 6. 주혁의 지시에 모든 부서 긴장. → 각 팀에서 송하에게 도움 요청. → 주혁 송하 휴대전화 압수, 모든 연락 차단시킴. 7. 송하, 주혁과 함께한 술자리에서 다음 날 주혁 집에서 일어남. 8. 주혁 출장 간 사이 미영의 괴롭힘(인하의 외도 의심). → 미영 삼촌 찬스 시전. 9. 주혁 돌아와 상황 수습. → 둘만의 데이트. → 그와의 밤. 10. 주혁의 어머니 강미나 등장.
전	11. 친구 유진이 송하 어머니의 부탁으로 반찬 배달 → 유진이 실수로 매니저와의 관계 실토(송하 투영). 12. 임신한 친구와 함께 산부인과. → 오해 발생. 13. 주혁 어머니의 협박, 주혁에게 어울리는 짝이라고 효린을 데려옴. 14. 송하의 고양이 주혁이 대신 보호 → 동거 아닌 동거 시작. 15. 회사에 송하에 대한 이상한 소문 퍼짐. → 회장의 귀까지 들어감. 16. 주혁 아버지 등장. → 어머니와 이혼하게 된 사건 17. 송하 자신의 어머니 집으로 들어감. → 주혁 송하의 남동생 구슬림.
결	18. 주혁의 아버지와 어머니 재결합. → 과거 사건 해결. 19. 김 이사의 계략으로 미영이 송하를 찾아옴. → 결국 미영, 인하 구속. 20. 회사에 새로운 프로젝트로 주혁의 친구이자 작가 진우 등장. → 주혁의 질투 폭발. 21. 강 회장 쓰러짐. → 주혁이 돌아와 사건 해결. → 김 이사 구속. 22. 주혁 어머니 송하에게 투자 결정. 23. 주혁 송하에게 청혼. → 임신 사실 알게 됨(해피엔딩).

이 시놉시스에서 숫자로 사건을 구성한 것은 작가인 제가 보기 편하게 만든 것입니다. 여러 사건의 흐름을 잘 알 수 있기 때문에 애용하는 방법입니다. 다만 이를 출판사나 플랫폼, PD에게 제출해야 한다면 다음과 같이 문장형으로 바꿔야 한다는 점을 꼭 기억해주십시오.

1. 전남친의 결혼식장 신부대기실에서 신부인 신입에게 한 방 먹임.
2. 하필 생일에 혼자 남아 호텔 바에서 술을 마시고 잘못 들어간 호텔 룸에서 처음 보는 남자와 하룻밤.
3. 출근한 회사에서 다시 만난 남자가 하필 새로 온 상사. → 송하는 모르는 척함. → 오기가 생긴 주혁은 송하를 괴롭힘.
4. 송하가 주혁에게 남기고 간 돈 때문에 결국 그와 거래.

↓

전남친의 결혼식장 신부대기실에서 신부인 신입에게 한 방 먹였지만, 송하는 마음이 편하지만은 않다. 하필 생일에 혼자 남아 호텔 바에서 술을 마시고 잘못 들어간 호텔 룸에서 처음 보는 남자와 하룻밤을 보내게 된다. 출근한 회사에서 다시 만난 남자. 하필 새로 온 상사 주혁이었다. 송하는 그를 모른 척하지만 오기가 생긴 주혁은 그녀를 괴롭힌다. 원인은 송하가 주혁에게 망가진 옷에 대한 변상으로 남기고 간 돈 때문이었다. 결국 두 사람은 만남을 조건으로 거래하게 된다.

이렇게 구성한 사건을 더 상세하게 쓰고 싶다면 보통 타임라인이나 트리트먼트로 만들 수 있습니다. 물론 정답은 아니지만 회차별로 내용을 연결하고 이끌어 가는 데 도움이 됩니다. 다음 표는 회차별로 간단한 정보와 포인트, 감정선을 적을 수 있는 트리트먼트 양식입니다.

트리트먼트 양식 예시

회차	시간대	장소	주요 사건	등장 인물	서브 플롯 연결	셀링 포인트 및 끊는 포인트	감정선
1화							
2화							
3화							

트리트먼트 양식의 순서에 맞춰 회차별 사건을 써줍니다.

이때 주의해야 할 포인트는 사건 위주로 글을 쓰다 보면 로맨스에서 가장 중요한 감정을 살릴 수 없다는 점입니다. 그러므로 등장인물이 어떤 감정을 유지해야 하는지, 어떤 감정을 가져야 하는지를 표시해두면 큰 도움이 됩니다.

시놉시스 양식 작성해보기

작품명			
장르		타깃층	
셀링 포인트			
로그라인			
키워드			
주요 등장인물			
이름/나이/성별	외모/성격/성향		비하인드 스토리

스토리 전개(각 단계별 사건, 재미 포인트를 중점적으로 이야기 구성)	
기	
승	
전	
결	

트리트먼트 양식 작성해보기

회차	시간대	장소	주요 사건	등장 인물	서브 플롯 연결	셀링 포인트 및 끊는 포인트	감정선
1화							
2화							
3화							
4화							
5화							
6화							
7화							
8화							
9화							
10화							
11화							
마지막화							

/ 5장 /

실전2: 장면이 살아 숨 쉬게 만드는 기술

등장인물들의 관계도 설정하고 시놉시스도 작성했습니다. 이제 정말 정말 우리의 이야기를 쓸 시간입니다.

글은 무엇으로 시작해야 할까요?

바로 첫 문장입니다. 이 첫 문장을 쓰려고 몇 달을 고민하는 분도 본 적이 있습니다. 그러나 원래 초고는 완벽한 글이라 볼 수 없습니다. 어떤 시작이라도 작가는 일단 써야 합니다.

저는 작가가 가장 잘 쓰는 장면으로 시작하길 추천합니다. 또한 번쯤은 작가 본인이 가장 재밌다고 생각하는 장면부터 시작하는 것도 괜찮습니다.

1

누가 이야기하느냐, 시점의 마법

웹소설의 첫 장면은 아주 임팩트 있는 장면이기 마련입니다. 특히 1~5화는 가독성과 몰입도가 정말 중요합니다. 이 장면을 어떤 시점으로 써야 효과적일지 잘 생각해봅시다.

보통 웹소설은 시점의 이동이 자유롭습니다. 1인칭 주인공 시점, 1인칭 관찰자 시점, 2인칭 시점, 3인칭 관찰자 시점, 전지적 작가 시점 등 다양한 시점을 활용하는 '다중 시점(이중시점)'이라고 할 수 있습니다. 다만 시점 이동이 자유롭다고 해서 마구잡이로 이동하면 복잡해지거나 이해하기 어려운 글이 될 수도 있습니다. 그러니 시점을 너무 자주 이동하는 것은 좋지 않습니다.

그럼 우린 이 시점을 어떻게 활용하는 게 좋을까요?

우선 **1인칭 주인공 시점**은 '나'라는 주인공의 시선으로 바라보기 때문에 독자가 주인공에게 몰입하기 좋고 오감을 자극하는 부분, 심리적인 묘사가 필요할 때 주로 활용합니다.

1인칭 관찰자 시점은 주인공이 다른 인물을 관찰하거나 묘사할 때 활용하는 시점입니다.

2인칭 시점은 많이 쓰이는 시점은 아닙니다. 문학에서도 실험적인 글로 쓰입니다. 한강 작가님의 《소년이 온다》에서 사용하는 것을 인상 깊게 보았지만 일반 소설 및 웹소설에서는 잘 쓰이지 않습니다.

전지적 작가 시점은 웹소설에서 많이 활용됩니다. 전반적인 설명을 할 때 상당히 용이합니다. 주인공 이외에 인물을 설명하거나 사선을 이어갈 때 많이 쓰입니다.

웹소설을 시작할 때 무조건 1인칭 주인공 시점이나 전지적 작가 시점으로 시작해야 한다는 법칙은 없습니다. 시작 방식은 작가의 몫입니다.

어떤 시점으로 써야 장면을 더 살릴 수 있을지 고민된다면, 같은 글을 2가지 시점으로 다 써보고 어떤 시점이 자신에게 잘 맞는지, 장면을 더 잘 살려주는지 확인해보길 추천합니다. 시점에 따라 글의 느낌이 확실히 다름을 느낄 수 있습니다.

또 시점을 활용한 글쓰기는 필력을 높이는 좋은 연습이기도 합니다. 저의 작품인《내게 딱인 너》를 활용하여 시점 연습의 예를 들어보겠습니다.

1인칭 주인공 시점

나는 미래의 '위대한 웹툰 작가'가 꿈이었다. 모든 예술가들이 그렇듯이 위대한 웹툰 작가가 되려면 삶의 경험이 풍부해야 한다고 들었다. 그 후 난 알바 전선에 뛰어들었다.

전지적 작가 시점

미르는 미래의 '위대한 웹툰 작가'가 꿈이었다. 모든 예술가들이 그렇듯이 위대한 웹툰 작가가 되려면 삶의 경험이 풍부해야 한다. 이 말을 듣고 난 후, 미리는 알바 전선에 뛰어들었다.

시점에 따라 뒤에 이어지는 이야기도 달라집니다.

1인칭 주인공 시점이라면 지금 어떤 알바를 하는지에 중점을 두고 쓸 것입니다. 하지만 전지적 작가 시점이라면 이제껏 어떤 알바들을 했는지 설명하며 글을 이어나갈 수도 있습니다. 즉, 어떤 시점을 활용하느냐가 이어지는 내용에도 영향을 줍니다.

2

말하지 말고 보여줘

'보여주기Show'와 '말하기Tell'는 각기 다른 기능을 가진 서술 방식입니다. 웹소설에서는 두 방식을 적절히 섞어 쓰면 효과적입니다

감정 중심인 현대로맨스는 독자로 하여금 감정을 '보게' 만들어야 합니다. 그래서 독자가 장면과 감정을 상상하게 하는 '보여주는 글쓰기'를 많이 활용합니다. 그러나 정보를 간결하게 전달하는 '말하기'도 적절히 섞어서 사용해야 합니다.

보여주기 Show

보여주기는 인물의 감정과 상황을 행동, 대사, 묘사 등으로 생생하게 보여줌으로써 독자가 직접 해석하고 상상해 공감 및 이입하게 유도하는 방식입니다. 몰입감을 높이고, 감정선을 깊이 있게 표현할 수 있습니다.

> 예
>
> 그녀는 입술을 꾹 다물고 고개를 숙였다. 잔잔한 눈물이 뺨을 타고 흘렀다. → 슬픔을 설명하지 않고 보여줌.
> 그는 커피잔을 들었다가 다시 내려놓았다. 세 번째였다. 손끝이 떨리고 있었다. → 긴장과 불안을 보여줌.
> "또 만났네." 그가 웃었다. 눈에선 웃음기가 없었다. → 미묘한 양면적 감정 암시.

말하기 Tell

말하기는 상황이나 감정을 직접적인 서술로 간결하게 설명하는 방식입니다. 빠른 정보 전달과 상황 설명, 빠른 전개에 적합하며, 글의 속도를 조절하고 배경이나 사건의 큰 흐름을 전달할 때 유용합니다.

> 예
>
> 그녀는 슬펐다. 울고 있었다.
> 그는 불안해 보였다. 생각에 잠긴 얼굴이었다.
> 다음 날, 그녀는 회사를 그만두기로 결심했다.

두 기법의 조화

"말하고, 보여줘라. 말로 감정에 이름을 붙이고, 보여주기로 그 감정을 증명하라."

웹소설에서는 중요한 감정 전환이나 갈등, 관계 장면에서는 '보여주기'를, 정보 전달이나 사건을 빠르게 요약할 때는 '말하기' 방식의 서술이 적절합니다.

> **예**
>
> 말하기: 재희는 남주를 미워하고 있었다.
> 보여주기: 재희는 남주를 쳐다보지 않았다. 식탁에 놓인 포크를 잔뜩 힘줘 쥐었다.

특히 '말하기'로 감정을 단순히 전달한 뒤, '보여주기'로 디테일을 더하면 독자의 몰입감을 높일 수 있습니다.

> **예**
>
> 그녀는 슬펐다.
> 입술을 꾹 다물고 고개를 숙였다. 잔잔한 눈물이 뺨을 타고 흘렀다.

웹소설은 영상이 아니기에, 작가는 단어로 '장면을 그림처럼' 만들어야 합니다. 이렇게 하려면 감각적 표현, 연출력, 표현력, 묘사력이 유기적으로 작용해야 합니다.

3

머릿속 장면을 꺼내는 이미지 트레이닝

 글을 쓰려고 해도 머릿속에 장면이 잘 그려지지 않을 때가 있습니다. 저는 그럴 때 이미지 트레이닝을 활용합니다. 우리가 직접 그 장면을 눈으로 보는 것도 아닌데 왜 이 방법을 활용해야 할까요?

 앞서 살펴보았듯이, 우리는 글을 쓸 때 '말하기'와 '보여주기'를 활용합니다. '말하기'는 그래도 쉽지만, 글로 표현되는 장면을 독자에게 보여주기는 쉽지 않습니다. 독자가 글을 읽고 상상할 수 있도록 써야 하니까요. 이미지 트레이닝은 여러 감각 중 시각적 감각으로 독자에게 보여주는 글을 쓸 때 도움이 많이 됩니다.

이미지 트레이닝이란?

이미지 트레이닝은 머릿속에서 장면을 마치 영화처럼 상상하고 '그리는' 연습입니다. 시놉시스와 전반적인 플롯을 만들었다면, 저는 쓰고자 하는 장면의 이미지를 머릿속에 떠올립니다.

인물의 움직임과 심리는 어떤 상태인지, 표정은 어떻고 어떤 감정을 느끼는지 등 장면을 하나하나 확인합니다. 글로 옮기기 전의 최종 리허설이라고 볼 수 있습니다. 이때 캐릭터의 육체적, 심리적 움직임이 내 의도와 같은지, 약간 다르게 했을 때 장면을 극대화할 수 있는지 검토합니다.

이후 머릿속에 떠오른 장면을 글로 옮기면 디테일이 살아 있는 문장이 나옵니다. 장면의 공간감, 동선, 인물 간 거리, 분위기가 구체화되고, 감정의 흐름에 따라 대사와 행동을 자연스럽게 설계할 수 있습니다. 추상적인 감정을 시각적 이미지로 전환하는 데도 도움이 됩니다.

물론 모든 장면을 다 이렇게 이미지 트레이닝 할 순 없지만, 현대로맨스처럼 인물의 행동 묘사가 중요한 장르일 때는 매우 유용합니다.

이미지 트레이닝 실습

웹소설에 맞는 이미지 트레이닝은 장면을 머릿속에서 영상처럼 재현한 뒤 글로 옮기는 작업입니다. 상상에 그치지 않고, 눈으로 볼 수 있는 실제 장면처럼 구성해 구체적인 글쓰기로 연결해야 합니다. 다음과 같은 순서를 따라 연습해봅시다.

① 10초간 시각화 연습

눈을 감고 장면을 떠올립니다. 배경, 인물의 표정, 감정, 날씨, 조명, 주변 소리까지 구체화합니다.

예

밤, 비가 오는 거리. 여주는 우산을 들고 남주를 기다린다. 전화를 받으며 표정이 굳는다. 바람 소리와 함께 그의 그림자가 다가온다.

② 자신에게 질문 던지기

장소는 어디인가? 계절과 날씨는 어떠한가?

나는 지금 이 장면의 어느 위치에 있는가?

누구를 중심으로 보고 있는가?

인물은 어떤 감정을 느끼고 있는가?

인물의 손은 어디에 있고 눈은 어디에 있는가?

이 장면이 왜 중요한가? 무엇을 보여줘야 하는가?

③ 핵심 이미지 키워드 도출

상상한 장면을 간단한 키워드로 정리한 뒤, 이 키워드를 바탕으로 문단을 시작하거나, 묘사할 문장 속에 녹여 넣습니다.

예

빗속, 조명, 기다림, 긴장, 희미한 웃음.

④ 실제 이미지 참고

머릿속으로만 떠올리기 힘들 때는 실제 이미지를 활용하면 좋습니다. 인물은 드라마, 영화, 화보 속에서 유사한 분위기를 찾아 참고합니다. 작가가 실제로 가보지 않은 공간이라도 핀터레스트나 인스타그램, 드라마 장면으로 배경 이미지를 참고할 수 있습니다.

예

고급 레스토랑, 회식 장소, 병원 대기실 등.

⑤ 장면 글로 옮기기

다음과 같은 상황을 이미지 트레이닝한 뒤 문장으로 옮겨봅시다.

상황: 남주가 여주의 퇴사를 말없이 받아들인 후, 주차장에서 마주치는 장면.

이미지 키워드: 야간 주차장, 어두운 조명, 고개 숙인 여주, 차창 넘어 시선, 침묵.

상상 후 문장화: 고개를 숙인 채 문을 닫는 소리에만 집중하던 그녀는 차창 너머의 시선에 멈칫했다. 검은 그림자처럼 서 있던 그가 아무 말 없이 그녀를 바라보고 있었다.

이미지 트레이닝은 글을 쓰기 전 '예열'이 아니라, 장면의 질감을 살아 있게 만드는 실질적 글쓰기 도구입니다. 카메라 렌즈처럼 '어디서 무엇을 얼마나 보여줄 것인지'를 의식하며 장면을 구성하는 습관을 들이면, 묘사의 정확도와 감정 전달력이 높아집니다.

4

연출력으로
장면 살려내기

　장면화란 서사 속 사건을 단순히 요약하지 않고, 인물의 감정과 행동, 배경을 시각적으로 '보여주는 방식'으로 구현하는 서술 기법입니다.

　웹소설에서 장면화는 곧 몰입감이며, 장면마다 인물의 감정선, 사건의 전환점, 관계의 긴장감이 명확하게 드러나야 합니다. 이미지 트레이닝으로 디테일하게 만든 장면을 더 효과적으로 독자에게 전달하려면 연출적 기법이 필요합니다.

연출이란 무엇인가?

연출은 글 안에서의 '구성'과 '배치'를 의미합니다. 한 사건을 어떤 시점에서, 어떤 순서로, 어떤 감정의 밀도로 보여줄지를 결정하는 것이 바로 연출력입니다. 글의 리듬, 호흡, 감정의 강약을 조율하는 보이지 않는 설계자이기도 합니다.

장면 연출의 핵심 구성 요소

① 시점 선택

1인칭 주인공 시점, 3인칭 관찰자 시점, 전지적 작가 시점 등 어떤 시점을 쓰느냐에 따라 독자의 몰입 방식이 달라집니다. 1인칭 주인공 시점은 독자가 스스로를 주인공처럼 느낄 수 있으며, 전지적 작가 시점은 장면의 전체를 한눈에 파악할 수 있게 해줍니다. 하지만 시점만으로 몰입도를 다 높일 수는 없으므로 여러 연출 방법을 함께 활용해야 합니다.

② 시간 또는 전개의 흐름 배열

장면을 서사에 맞게 순차적으로 보여줄 것인가, 결과를 먼저 보여준 후 플래시백으로 갈 것인가? 이는 연출력이 아주 중요하게 작용하는 부분입니다.

> **예**
>
> 이별 후 오열하는 여주의 장면 → 플래시백으로 관계가 파열되는 장면 회상.

다만 드라마처럼 갑작스러운 화면 전환은 글을 읽는 데는 방해가 될 수 있습니다. 특히 회차별로 이야기를 이어갈 때, 다음 회차에서 갑자기 다른 장면으로 시작하거나 주인공이 아닌 다른 인물을 보여주려 장면을 급하게 바꾸기 쉽습니다. 이럴 때는 장면이 전환이 되는 부분도 자연스럽게 이어지도록 시간이나 사건의 흐름에 맞춰 연결하는 게 좋습니다.

③ 정보의 배분
어떤 정보를 언제 공개할지를 배분합니다. 모든 정보나 상황을 한 번에 설명하지 말고, 감정을 따라 천천히 드러냅니다.

④ 긴장과 여백
중요한 장면일수록 속도를 늦춰 자세하게 묘사하고, 여백(정적)을 활용해 감정의 여운을 남깁니다.

⑤ 전환과 클라이맥스

사건의 전환점이 되는 장면은 다른 장면보다 더 길거나, 시각적으로 밀도 있게 설계해야 합니다.

좋은 연출을 위한 팁

① 장면의 중심 질문 설정하기

이 장면에서 인물은 무엇을 느끼고 있는지, 이 장면은 이야기 흐름 중에서 어떤 전환점인지를 설정합니다.

② 정보의 역순 배열

결과를 먼저 보여주고, 이후 이유를 밝히면 독자의 궁금증을 유발할 수 있습니다.

예

그녀는 회사를 나왔다. 울지 않았다. 단지, 손에 쥔 계약서가 구겨져 있었을 뿐이다.

③ 반복과 강조

특정 대사나 이미지(손 떨림, 특정 노래, 문장 등)를 반복적으로 배치해 인물의 감정을 심화시킵니다.

예

전화는 꺼져 있었다. 세 번, 네 번 계속 눌렀다. 없는 줄 알면서도 혹시나 하는 마음에 버튼을 또 눌렀다.

④ 리듬과 여백

한 문장씩 단락을 나눠 쓰거나, 대사를 끊어서 인물의 감정을 강조합니다.

예

"…왔네. 그가, 나를… 기억하고 있나."

웹소설 연출 방식의 특징

① 기본적으로 한 회차에 여러 장면이 나옵니다.

② 독자의 '스크롤 리듬'에 따라 단락 구성이 감정선과 직결됩니다.

③ 상상된 이미지와 대사의 배치, 리듬감 있는 단락 구성도 연출의 일부로 작동합니다.

④ 대부분의 장면에 주인공이 나옵니다. 주인공이 없는 장면은 사건에 꼭 필요한 부분이거나 복선을 까는 장면이어야 합니다.

장면화는 글을 영상처럼 만드는 기술이며, 연출은 그 영상에 편집을 더하는 작업입니다. 강약 조절, 정보 배치, 감정선 유도

등 연출 기법을 익히면 한 장면의 밀도와 몰입도를 비약적으로 향상시킬 수 있습니다.

5

묘사력:
인물, 배경, 감정 묘사

   묘사력은 글의 생동감을 높이는 핵심 기술입니다. 특히 여성향인 현대로맨스에서 감정의 흐름, 인물의 매력, 관계의 긴장감 등을 표현하는 수단으로는 묘사력이 절대적입니다. 독자가 머릿속에 장면을 그릴 수 있도록 '구체적이고 감각적으로' 묘사하는 능력을 길러야 합니다.

   물론 모든 글을 다 묘사할 수는 없습니다. 글이 묘사로만 이루어지면 화려할 수는 있지만, 의도와 다르게 변질되거나 불필요한 군더더기로 전락할 수도 있습니다. 필요한 부분에 잘 써줘야 효과적입니다. 그럼 이런 묘사는 어디에 활용해야 할까요?

캐릭터를 살아 있게 만드는 인물 묘사

인물 묘사는 독자에게 그 인물이 어떤 사람인지 알려줍니다. 특히 주인공은 독자가 감정을 이입하고, 그 인물을 매력적으로 느끼게 만드는 구체적이고 세심한 묘사가 핵심입니다. 외형부터 행동, 분위기, 말투까지 입체적으로 그려서 강렬한 첫인상을 남긴다면 글의 끝까지 그 이미지를 가져갈 수 있습니다.

① 외형 묘사 순서

시선의 흐름에 따라 위에서 아래로 내려가며, 혹은 아래에서 위로 올라가며 묘사합니다.

예

머리 → 얼굴 → 목 → 가슴 → 다리 → 제스처
구두 → 옷 → 몸 → 얼굴 → 머리

흐트러지긴 했지만, 짧은 머리카락은 선명한 그의 이목구비를 가릴 수 없었다. 조각상처럼 깎아 놓은 그의 얼굴은 무심히 자고 있어도 잘생긴 본래의 형태를 고스란히 보여주었다. 훤히 드러난 가슴팍만 보아도 얇은 이불에 가려진 나머지가 바디가 얼마나 훌륭한지 가늠할 수 있었다.

《전남편이라서 더 좋아》 1화 중

② 외형의 상징화

소설 속에서 묘사되는 인물의 외모는 성격이나 지위, 재력을 암시합니다. 화려한 미사여구는 이때 많이 쓰입니다.

예

날카로운 눈매 = 냉정한 성격, 단정한 옷차림 = 자기 통제력

③ 말투와 행동으로 성격 드러내기

단순한 설명이 아니라 구체적인 표현으로 보여줘야 합니다. 특히 여성향에서는 행동이 인물의 마음을 대변하곤 합니다. 남주의 말투가 딱딱하고 차가워도 여주를 대하는 손길이 부드럽다면, 남주가 여주를 아끼고 있음을 표현할 수 있습니다.

예

까칠한 남자다. → 그는 말끝마다 점을 찍듯 짧게 끊었다. 표정은 늘 무표정했다.

깊은 심호흡으로 자신을 재정비한 이수는 회의실로 향했다. 이수는 브리핑을 하기 전 자신의 라운드 오닉스 목걸이를 만지작거렸다. 동하가 회의실 안으로 들어와 이수를 지나쳐 갔다. 제이나 대표와 나란히 자리했다.

《전남편이라더 더 좋아》 36화 중

④ 내면 드러내기

캐릭터의 약점, 트라우마, 결핍 등을 행동이나 말 속에 자연스럽게 녹입니다.

예

그녀는 발뒤꿈치를 들어 올려도 닿지 않는 선반 앞에서 가만히 선 채, 입술을 지그시 깨물었다. 얇은 니트 위로 드러나는 앙상한 어깨는, 무엇도 쉽게 말하지 않는 사람의 고집을 닮아 있었다.

감정을 반영하는 배경(공간) 묘사

배경은 단순한 무대가 아니라, 장면의 감정과 긴장을 강화하는 요소입니다. 있는 그대로 묘사하는 것이 아니라 인물과 연계된 요소를 보여주는 도구로 쓰입니다. 그래서 배경을 생략하면 몰입감이 떨어지고, 과도하면 흐름이 늘어지므로 '감정을 반영하는 방식'으로 적절히 활용해야 합니다. 또 가끔은 날씨 또는 환경이 복선이 되기도 합니다.

① 시간/계절/날씨 묘사

장면의 분위기 설정(장마철 = 우울, 여름 햇살 = 설렘 등).

> **예**

카페에는 비 오는 날 특유의 커피와 빗물 섞인 공기가 감돌았다. 창가에 앉은 그녀는 여전히 찻잔을 입에 대지도 못한 채, 창밖을 바라보기만 했다.

② 공간 구조

인물의 감정선과 관련된 배치(좁은 복도에서 부딪히는 장면 = 긴장, 넓은 공원에서의 대화 = 안정감 등).

③ 주인공의 방 묘사

성격, 감정 상태를 반영(정리정돈X = 혼란 상태, 깨끗한 침대와 책 = 통제력).

> **예**

깔끔하고 블랙 앤 화이트의 모던한 인테리어는 모델하우스를 연상시켰다.

《그가 선물로 왔다》 11화 중

넓은 통창의 집 안에서는 정원이 다 보였다. 깔끔한 거실은 소파와 텔레비전을 제외하곤 아무것도 없었다. 군더더기 하나 없는 깔끔한 인테리어였다.

《지독한 이끌림》 5화 중

내면 심리 묘사: 독자의 감정을 이입시키는 힘

심리 묘사는 독자와 인물 간의 '감정적 거리'를 좁혀주는 가장 직접적인 방법입니다. 대리만족을 주는 현대로맨스에서는 상세한 심리 묘사가 핵심입니다. 주인공이 어떤 심정으로 상대방을 보는지, 무엇을 망설이는지 보여줌으로써 글이 고조되기도 하고 변화를 나타낼 수도 있습니다. 감각적인 언어를 사용하면 이러한 심리 변화를 잘 묘사할 수 있습니다.

① 오감 활용

시각, 청각, 촉각, 후각, 미각 등을 동원해 감정을 구체화합니다.

② 심리 묘사 vs 행동 묘사 병행

내면의 흔들림은 '몸짓'과 함께 보여줘야 몰입도가 높습니다. 또 시간이나 흐름에 따른 행동 묘사는 독자의 기대감을 불러일으킬 수 있습니다.

③ 감정의 층위 구분

단순 설렘 → 떨림 → 갈망 / 단순 분노 → 억제 → 폭발 등 감정의 흐름을 단계적으로 설계합니다.

> **예**
>
> 단순: 그녀는 화가 났다.
> 감각적 묘사: 그녀는 말끝을 삼킨 채, 손끝을 꼭 쥐었다. 차가운 컵이 깨질 것 같은 긴장감이 손바닥을 타고 흘렀다.

감정 중심의 묘사로 연결하기

단순히 외형이나 행동만을 나열하는 묘사는 장면을 보여주는 데에는 도움이 될 수 있지만, 인물의 '감정'을 독자가 이해하고 느끼도록 만드는 데에는 부족할 수 있습니다.

장면의 모든 묘사는 결국 감정을 드러내는 장치이며, 특히나 현대로맨스에서는 설렘, 분노, 후회, 두려움, 사랑 등의 감정을 구체적으로 전달할 수 있도록 감정선 중심으로 묘사해야 합니다. 감정 중심의 묘사는 인물의 심리와 상황을 구체적으로 드러내며 독자가 그 감정을 '함께 느끼게' 해 대리만족하게 합니다. 감정 흐름을 따라 장면을 구성하고, 사건의 맥락과 인물의 심리를 연결해야 합니다.

이런 감정 중심의 묘사를 하려면 작가는 "이 장면에서 인물은 어떤 감정을 느끼고 있고, 왜 그렇게 행동하고 있는가?"를 중심에 놓고 대사와 분위기를 조율해야 합니다. 심리 묘사만 하는 것이 아니라, 마음을 보여줄 수 있는 표정, 몸짓, 대사, 주변 환경 변화를 함께 묘사하면 효과적입니다.

> **예**
>
> 단순 묘사: 그녀는 웃었다.
> 감정 중심 묘사: 그녀는 입꼬리를 억지로 끌어올렸다. 웃음은 났지만, 눈가가 떨렸다. → 감정이 배여 있는 문장이 감춰진 내면을 드러내고 몰입도를 높임.
>
> 단순 묘사: 그는 문을 닫고 방을 나갔다.
> 감정 중심 묘사: 그는 문고리를 세게 움켜쥔 채 한동안 움직이지 않았다. 깊게 들이쉰 숨을 삼키고 나서야 조용히 문을 닫았다.
>
> 단순 묘사: 그녀는 커피를 마셨다.
> 감정 중심 묘사: 그녀는 식어버린 커피를 마시며 시선을 돌렸다. 목을 타고 내려가는 쓴맛보다 더 쓰라린 건, 아무 말도 하지 않은 그의 침묵이었다.

묘사는 '정보 전달'이 아니라 '감정 전달'이어야 합니다. 독자가 머릿속에 그 장면을 그릴 수 있게 해야 합니다.

이렇게 묘사력을 키우면 단순한 이야기 전개가 아닌, 장면 하나하나가 살아 있는 감정의 파노라마로 독자를 사로잡을 수 있습니다. 특히 현대로맨스처럼 감정 중심 장르에서는 묘사력이 곧 작품의 설득력입니다.

▶ **감정 중심 묘사를 위한 3단계**

① **감정의 원인**: 외부 사건 또는 대화 때문에 감정이 유발됨.

② **감정의 표현**: 표정, 행동, 말투, 신체 반응으로 표현됨.

③ **감정의 반응**: 이후의 선택이나 대사로 연결되며 감정의 흐름이 유지됨.

효과적인 묘사법 요약

항목	핵심 포인트	예시
인물	외형+성격+말투 통합 묘사	'말없이 웃는 남자'의 눈매와 짧은 대사로 성격 드러내기
배경	감정과 사건을 반영	'비 오는 날 회사 복도', '햇살 가득한 병실' 등의 감정 투사 공간
심리	오감+행동+내면 병행	'심장이 내려앉았다', '손끝이 저릿했다', '입을 열지 못했다' 등으로 표현

감각적 묘사의 5단계 활용

감정은 말보다 장면의 디테일에서 나옵니다. 오감을 활용한 이미지 트레이닝을 활용해, 감정을 장면으로 구현하는 훈련을 해봅시다.

과거 국어 시간에 배운 시각적 이미지, 청각적 이미지라는 말을 기억하시나요?

장면의 몰입도를 높이려면 시각, 청각, 촉각, 후각, 미각의 오감을 활용해야 합니다. 하지만 반드시 모든 감각을 다 넣을 필요는 없습니다. 해당 장면의 정서와 중심 감정에 맞는 감각을 선택해 쓰는 것이 중요합니다.

① **시각**: 공간, 조명, 색감, 인물의 표정, 동작 등.

예

유리창 너머로 초여름 햇살이 쏟아지고 있었다. 그녀의 머리카락은 그 빛을 머금고 부드럽게 흩날렸다.

② **청각**: 대사 톤, 숨소리, 배경음 등.

예

그의 목소리는 마치 물속에서 들리는 것처럼 낮고 느리게 울렸다.

③ **촉각**: 손끝의 온기, 옷감의 질감, 바람의 감촉 등.

예

차가운 컵을 건네받는 순간, 손끝에 스치던 그의 체온이 아직도 남아 있었다.

④ **후각**: 향수, 공간의 냄새, 음식 냄새 등.

`예`

그가 지나간 자리에 익숙한 머스크향이 남아 그녀의 기억을 자극했다.

⑤ **미각**: 음식, 음료, 키스의 맛 등.

`예`

첫 키스는 와인보다 쌉싸래했고, 무화과보다 진했다.

묘사력을 높이는 필사 연습

누구나 다 글을 잘 쓰고 싶고, 글의 표현력 또한 높이고 싶을 것입니다. 하지만 하루아침에 글이 달라지기란 쉽지 않습니다. 그래서 우리는 필사, 수정, 편집으로 연습해야 합니다. 중요한 점은 이 필사, 수정, 편집이 우리가 아는 방식과는 조금 다르다는 것입니다.

제가 연습하는 방법을 알려드리겠습니다.

① 필사

'필사'라고 하면 무엇이 떠오르나요? 누군가의 글을 '그대로 옮겨씀'이라는 정의가 먼저 떠오르지 않나요? 저도 처음 글을 썼을 때 필사를 많이 했습니다. 하지만 필사는 남을 글을 쓰는 것이지 자신의 글을 쓰는 것이 아닙니다.

묘사력을 높이려면 자신의 스타일을 유지하는 필사 연습을 해야 합니다. 우리가 쓰려는 장면이나 우리 글에 필요한 장면을 다른 작가들이 어떻게 쓰고 있는지 확인한 후, 그 장면을 나만의 스타일로 필사합니다. 원본을 그대로 하는 따라 쓰는 건 사절입니다. 책 전체를 필사할 필요도 없습니다. 그저 손만 아플 수 있으니까요.

우리가 하는 필사 연습은 다른 작가의 글을 참조해 자신의 글체로 살짝 변경하는 것입니다. 필사하고자 하는 글에서 단어만 바꿔도 느낌이 달라집니다. 문장 형태도 바꿔보고 본인이 자주 쓰는 표현으로 변경도 해봅니다.

자신의 글체를 모르는 분은 이 연습을 해보면 글체를 알 수 있습니다. 제 작품 《그가 선물로 왔다》의 일부 지문을 활용해 학생들이 필사한 연습 예시를 보여드리겠습니다.

《그가 선물로 왔다》 원문

차라리 먹구름이라도 왕창 몰려와 비가 억수로 쏟아져 내렸으면 좋

겠다.

그런데 왜 이리 날씨는 화창하고 좋은지.

송하는 깊은 한숨을 내쉬었다.

내가 왜 여기까지 왔을까?

미련이 남아 온 건 아니었다.

호텔 예식장 앞에서 송하는 심호흡을 하고 당당히 들어갔다.

자신의 전 남친의 결혼식장으로.

그것도 자신의 생일날에 말이다.

"어머. 채 비서 아니야?"

"그러게. 여기까지 온 거야?"

"정말 대단하다."

자신을 알아본 회사 사람들이 수군거렸다.

송하는 그러든지 말든지 당당하게 신부대기실로 걸어 들어갔다.

며칠 전. 실수투성이 신입이 생글거리며 찾아왔다.

"저, 축하해주실 거죠?"

이제 갓 들어와 신입 딱지를 뗀 햇병아리가 내민 건 청첩장이었다.

그런데 어쩜 이 아이 이렇게 뻔뻔할 수가 있지?

그동안 박인하 때문에 신입의 실수를 얼마나 막아줬었는데….

송하는 뒤통수를 세게 얻어맞은 느낌이었다.

청첩장에는 자신의 남자친구인 박인하의 이름과 신입 사원인 김미영의 이름이 떡하니 쓰여 있는 것이 아닌가.

자신을 농락한 이 두 인간을 어쩌면 좋을까?

하지만 송하는 아무것도 할 수 없었다.

그러기엔 회사에는 보는 눈이 너무 많았다.

그리고 자신이 쌓아온 이미지가 한순간에 무너져 내릴 수도 있었다.

송하는 그녀가 내민 청첩장을 받아들었다.

"물론이죠. 미영 씨."

"채 비서님. 무슨 일이 있어도 꼭 참석해주셔야 해요. 전 채 비서님 축하 꼭 받고 싶거든요."

가증스러운 저 미소 속에 숨은 의도를 모르는 바는 아니지만, 그래도 이대로 당할 순 없었다.

웹소설 창작실습 3학년 학생 필사 연습

차라리 먹구름이라도 왕창 몰려와 비가 <u>우수수</u> 쏟아져 내렸으면 했다.

그런데 날씨는 <u>왜 이리</u> 화창하고 좋은지.

송하는 깊은 한숨을 내쉬었다.

내가 왜 여기까지 왔을까?

미련이 남아 온 것은 아니었다.

호텔 예식장 앞에서 송하는 심호흡을 하고 당당히 발을 옮겼다.

자신의 전 남친의 결혼식장으로.

오늘은 송하의 생일날이었다.

"어머. 채 비서 아니야?"

"그러게. 여기까지 온 거야?"

"정말 대단하다."

자신을 알아본 회사 사람들이 수군거렸다.

송하는 그러든지 말든지 당당하게 신부대기실로 걸어 들어갔다.

며칠 전, 실수투성이 신입이 생글거리며 찾아왔다.

"저, 축하해주실 거죠?"

이제 갓 들어와 신입 딱지를 뗀 햇병아리가 내민 건 청첩장이었다.

그런데 어쩜 이 아이 이리도 뻔뻔할 수가 있지?

그동안 박인하 때문에 신입의 실수를 얼마나 막아줬었는데….

송하는 뒤통수를 세게 얻어맞은 느낌이었다.

청첩장에는 자신의 남자친구인 박인하의 이름과 신입 사원인 김미영의 이름이 떡하니 쓰여 있었다.

자신을 농락한 이 두 인간을 어쩌면 좋을까?

하지만 송하는 아무것도 할 수 없었다.

<u>*회사에는 보는 눈이 너무 많았다.*</u>

그리고 자신이 쌓아온 이미지가 한순간에 무너져 내릴 수도 있었다.

송하는 그녀가 내민 청첩장을 받아들었다.

"물론이죠. 미영 씨."

"채 비서님. 무슨 일이 있어도 꼭 참석해주셔야 해요. 전 채 비서님 축하 꼭 받고 싶거든요."

가증스러운 저 미소 속에 숨은 의도를 <u>모를 수가 없었다.</u> 하지만 이대로 당할 순 없었다.

밑줄 친 부분은 제 작품을 학생이 필사하면서 수정한 부분입니다. 일부 단어만으로도 조금 다른 글을 만들 수 있습니다. 하지만 이건 온전히 자신의 스타일은 아닙니다. 그래서 '수정'이 필요합니다.

② 수정

'수정'할 때는 온전히 자신만의 스타일로 수정해 원본 글과는 완전히 다르게 쓰는 것이 좋습니다. 다른 작품을 내 글의 형태로 바꾸는 것은 그 자체로 어렵습니다. '나는 어떻게 쓸 것인가?'가 가장 중요합니다. 그리고 어떤 단어를 자주 쓰고 어떻게 활용하는지 살펴야 합니다. 그러다 보면 내가 단문을 활용하는지, 장문을 잘 쓰는지, 대화체를 많이 쓰는지, 설명을 자주 하는지 등을 스스로 판단할 수 있습니다.

이 과정에서 내 글의 특징을 볼 수 있고, 특히 글의 장단점이 현저히 드러납니다.

가독성이 좋은지, 설명을 잘하는지, 행동 묘사를 잘하는지, 심리 묘사를 잘하는지 등 장점을 확인하고 어떤 부분이 부족하고 내가 잘 못하는 게 무엇인지 딘짐도 파익힙니다.

장점은 살리고 단점은 감추는 연습을 하다 보면 내 글의 특색이 보이고 이 특색을 살리는 법도 깨달을 수 있습니다.

그럼, 앞서 단어를 바꿔 필사했던 부분을 수정해보겠습니다.

웹소설 창작실습 2학년 학생 수정 연습

기쁜 날만 가득해야 할 생일날에 송하가 한숨을 내쉬었다.

'비라도 내렸으면 좋았을 텐데.'

안타깝게도 일기예보의 오늘은 하루 내내 화창할 예정이었다.

불륜을 저질렀는데도 이렇게나 좋은 날에 결혼하다니, 운도 좋았다.

송하는 눈앞의 호텔 예식장을 멍하니 올려다보았다.

"여기에 하객으로 오게 될 줄은 몰랐는데."

하지만 미련이 남아서 온 것은 아니었다.

송하가 심호흡을 한 뒤 당당히 걸어 들어갔다.

"어머, 채 비서 아니야?"

"그러게. 진짜로 여기까지 온 거야?"

"정말 대단하다."

그녀를 알아본 회사 사람들이 수군거렸다.

하지만 잔챙이들에게 쓸 시간은 없었다.

송하가 떳떳하게 고개를 치켜든 채 신부 대기실로 향했다.

며칠 전, 송하에게 실수투성이 신입이 찾아왔었다.

신입은 늘상 짓던 울상이거나 겁먹은 얼굴이 아니라, 생글거리는 낯을 하고 있었다.

송하가 불길한 표정으로 신입이 두고 간 청첩장을 펼쳤다.

"하, 어쩜 저렇게 뻔뻔해…."

송하의 손이 청첩장을 와락 구겼다.

구겨져 떨어지는 청첩장이 꼭 자신의 신세 같았다.

"어쩐지 박인하, 그 개자식이 이상하게 이번 신입만 감싸주더라."

뒤통수를 세게 얻어맞은 기분에 송하가 뒷목을 감쌌다.

청첩장엔 자신의 남자친구였던 박인하와 신입인 김미영의 이름이 나란히 쓰여 있었다.

불륜 커플에게 제대로 농락당한 것이다.

송하는 저 둘에게 어떻게든 이 기분을 되갚아주고 싶었다.

하지만 아무것도 할 수 없었다.

그러기엔 회사엔 보는 눈이 너무 많았기 때문이다.

'내가 어떻게 쌓아온 이미지인데.'

간신히 쌓아 올린 평판을 한 순간에 무너트릴 순 없었다.

그 순간, 노란 메모지가 팔랑이며 송하의 발치에 떨어졌다.

[채 비서님^^

무슨 일이 있어도 꼭 참석해주셔야 해요.

채 비서님의 축하는 꼭 받고 싶거든요!]

지익, 직.

송하가 메모지를 갈기갈기 찢어발겼다.

"그래, 어디 한 번 해보자 이거지?"

이대로만 당하고 있을 순 없다는 결심이 선 순간이었다.

수정을 하니 온전히 학생의 스타일로 묘사가 바뀌었습니다. 글의 분위기가 원본과는 조금 다르다는 것을 느낄 수 있습니다.

③ 편집

수정 단계까지만 연습해도 글을 쓰는 데 정말 많은 도움이 됩니다. 그럼 왜 '편집' 단계가 필요할까요?

이는 객관적인 감각을 기르기 위해서입니다.

이 단계에서는 내가 편집자라고 생각하면서 글을 파악합니다. 편집자는 이 작품을 가장 잘 팔고 싶은 사람입니다. 그러니 글의 장단점은 무엇이며 어떤 부분에 중점을 두어야 하는지, 작품의 셀링 포인트가 무엇인지 판단하겠죠. 어떻게 해야 작가와 글의 특색이 살지, 스토리의 흐름과 라인이 어떤지, 추가적인 수정이 필요한지 아닌지 파악하려 할 것입니다.

이런 단계를 거치면서 작가는 자신의 글을 판단하는 눈을 갖게 됩니다. 많이 읽는 것만큼이나 많이 쓰는 것도 중요합니다. 그렇다고 자기 스타일만 고집하다가는 오류나 모순을 찾지 못하거나 잘못 이어갈 수 있습니다. 그래서 편집 단계까지 연습하는 것이 중요합니다.

객관적인 시각이 생기면 대중적인 감각을 가질 수 있습니다. 상업적인 웹소설의 특성상 내 글이 잘 팔리는 부분이 어디일지를 파악하는 건 정말 중요한 기술입니다.

앞서 수정 연습을 했던 지문을 이용해 편집 연습을 해보겠습니다.

웹소설 창작실습 2학년 학생 편집 연습

차라리 먹구름이라도 왕창 몰려와, 비가 잔뜩 쏟아져 내렸으면 좋았을 텐데.

그런 간절한 바람에도 불구하고 날씨는 화창하고 좋았다.

송희는 깊은 한숨을 내쉬었다.

내가 왜 여기까지 왔을까.

결코 미련이 남아 온 건 아니었다. 그건 확실했다.

심호흡을 하고, 호텔 예식장 앞에서 송하는 당당히 걸음을 옮겼다.

자신의 전 남친의 결혼식장으로.

그것도, 자신의 생일날에 말이다.

주변에서 수군거리는 소리가 들렸다.

"어머, 채 비서 아니야?"

"그러게. 여기까지 온 거야?"

"정말 대단하다."

자신을 알아본 회사 사람들이었다.

송하는 그러든지 말든지, 구두 굽 소리도 숨기지 않으며 신부대기실로 걸어 들어갔다.

때는 며칠 전, 실수투성이 신입이 생글거리며 찾아왔던 날이었다.

"저, 축하해주실 거죠?"

이제 갓 들어와 신입 딱지를 뗀 햇병아리가 내민 건 다름 아닌 청첩장이었다.

그런데 정말이지, 이 아이 어쩜 이렇게까지 뻔뻔할 수가 있나?

뒤통수를 세게 얻어맞는 것 같았다.

청첩장에는 자신의 남자친구인 박인하와, 신입 사원인 김미영의 이름이 떡하니 쓰여 있지 뭔가.

내가 그동안, 박인하 때문에 신입의 실수를 얼마나 막아줬었는데….

모든 퍼즐 조각이 들어맞는 느낌과 함께, 송하는 분노가 치밀어 올랐다.

자신을 농락한 이 두 인간들을 어쩌면 좋을까!

하지만 당시에, 그녀는 아무것도 할 수가 없었다.

그러기엔 회사는 보는 눈도 많았을뿐더러, 자신이 쌓아온 이미지가 무너지는 것도 한순간이었으니까.

대신 송하는 웃으며 상대가 내민 청첩장을 받아들었다.

"물론이죠, 미영 씨."

"채 비서님, 무슨 일이 있어도 꼭 참석해주셔야 해요. 전 채 비서님 축하, 꼭 받고 싶어요!"

저 가증스러운 미소 뒤에 숨은 의도를 모르진 않았지만, 이대로 당할 생각 역시 조금도 없었다.

이렇듯 쓰는 방식을 달리해 연습하다 보면 우리의 필력, 묘사력이 상승힐 깃입니다.

6

독자의 마음을
붙드는 문장 쓰기

 웹소설은 문장으로 이루어집니다. 마치 눈으로 보듯이 생생하게 상상하게 만들고, 서사의 흐름에 따라 자유롭게 움직이는 캐릭터들은 웹소설을 매력적으로 만들어줍니다.

 글은 글자만 쓴다고 완성되진 않습니다. 그냥 문장만 쓴다고 해서 머릿속에 상상했던 장면을 다 쓸 수는 없을 겁니다. 그래서 의성어, 의태어, 대화체, 지문, 설명문 등 다양한 형태를 활용해 문장을 쓰는 것이 중요합니다.

 문장력은 단어 선택, 문장의 리듬, 단락의 호흡을 통해 독자를 이야기 속으로 끌어들이는 힘입니다. 단순히 '맞는 문장'을 쓰는 것이 아니라, 감정과 분위기를 살아 숨 쉬게 하는 문장을 써야 합니다.

문장의 길이와 밀도

웹소설 대부분이 단문으로 이루어져 있다고 오해하는 경우가 있는데, 절대 그렇지 않습니다. 단문, 장문, 복문을 의도에 따라 적절히 사용하는 것이 좋습니다. 글의 형태가 시선을 잡을 수 있기 때문입니다.

빠른 사건 전개를 보여주고 싶다면 단문을, 섬세한 묘사는 장문이나 복문을 사용하고, 길게 늘어지는 부분이 있다면 때론 나누어 표현하는 것도 한 방법입니다.

① **긴 문장**: 감정의 밀도, 내면의 흐름

예
말하지 않으면 터져버릴 것 같은 감정이 가슴 안쪽에서 계속해서 부풀어 오르고 있었다.

② **짧은 문장**: 결단, 충격, 감정의 끊김

예
그는 떠났다. 아무 말 없이.

한 회차 안에서도 장면의 분위기에 따라 문장 길이를 조절해야 합니다.

다양한 단어 선택

혹시 내가 쓰는 단어가 한정적이라고 생각한 적이 있나요? 한정적인 단어를 사용하면 글이 유사하게 보입니다. 유의어를 써보거나 다른 형태를 사용해보면 도움이 됩니다. 의성어, 의태어, 대화체를 적절하게 사용해 글을 밝거나 어둡게 만들 수 있고, 긴장감을 고조시킬 수도 있습니다.

① 평범한 단어 대신 구체적인 감각어 사용

예

좋았다 → 가슴이 간질간질했다.
나빴다 → 속이 미세하게 갈라지는 듯한 통증이 퍼졌다.

② 감정을 담은 동사와 형용사 활용

예

보다 → 노려보다, 흘겨보다, 애써 외면하다 등으로 정서의 차이를 표현.

문장의 리듬과 배치

리듬은 문장의 호흡입니다. 길고 짧은 문장의 교차로 읽는 속도가 만들어지며 이를 통해 독자의 몰입도를 조절하고 감정의 흐름을 드러낼 수도 있습니다.

① 중요한 문장은 한 줄 단독 사용

예
그녀는 웃고 있었다.
하지만 눈은 울고 있었다.

② 단락을 자주 나눠 시각적 여백 확보

특히 웹소설은 모바일에서 읽히므로 스크롤 리듬에 맞게 호흡을 설계해야 합니다.
그 외에도 시점 전환이나 장소가 바뀌는 등 흐름이 달라질 때는 행간을 띄웁니다. 사건 또는 장면이 바뀔 때는 '***' 등의 약물로 구분해줍니다.
원고를 쓸 때는 본문(지문)과 대사의 행간을 띄우지 않지만, 연재 시에는 지문과 대사를 구분할 수 있도록 띄어줍니다.

감정의 여운을 남기는 문장

직접적인 말보다 여운 있는 표현으로 마무리하면 좋습니다. 보통 이런 문장은 의도적으로 감정의 여백을 남기거나 인상 깊게 만들기도 합니다.

그녀는 행복했다. → 그녀는 오랜만에, 입가에 머문 미소를 지울 줄 몰랐다.

대화체

그냥 외형을 묘사하는 것보다 주변에서 '잘생겼다'고 수군거리는 말이 독자에게 더 잘 전달되기도 합니다. 두 인물의 티키타카를 대화로 보여주기도 하고, 서로의 마음을 확인하는 역할, 사건을 전달하는 요소가 되기도 합니다.

하지만 너무 많은 대화는 인물의 표정이나 행동을 전달할 수 없습니다. 그래서 적절하게 활용해야 합니다. 웹소설의 대화체는 순문학에 비하면 많은 편이지만, 시나리오에 비하면 적습니다. 그러니 대화체만으로 웹소설을 쓴다는, 시나리오 같은 맥락으로 생각하면 안 됩니다.

> **예**
> 나중에 다시 이야기하자는 말과 함께 사라진 그는 마치 겁에 질린 듯 도망쳤다.
> ↓
> "나중에 이야기 하지."
> 그는 마치 겁에 질린 듯 급하게 사라졌다.

잘 쓰인 문장은 정보가 아니라 감정을 전달합니다. 문장은 짧을수록 강하게, 길수록 깊게 스며듭니다. 문장력은 리듬, 어휘, 감정의 조율이 어우러진 결과물이며, 독자의 감정을 흔드는 궁극의 무기가 될 것입니다.

7

분위기, 대사, 내면 표현의 삼박자

표현력은 단순한 문장력이나 묘사력을 넘어서, 인물의 감정과 관계, 상황의 뉘앙스를 살아 있게 전달하는 기술입니다. 웹소설에서 표현력은 곧 독자의 몰입도이며, 작가의 개성입니다. 같은 글이라도 어떤 표현을 하냐에 따라 느낌이 매우 다를 수 있습니다.

> 예
> 1. 그녀는 택시를 기다렸다.
> 2. 그녀는 초조하게 잡히지 않는 택시를 기다리고 있었다.
> 3. 그녀는 택시를 기다렸다. 제시간에 도착할 수 있을지 초조했다. 택시는 좀처럼 잡히지 않았다. 그녀는 점점 더 조급해졌다.
> 4. 그녀는 제시간에 도착할 수 있을지 몰라 전전긍긍하며 그저 초조하게 잡히지 않는 택시를 기다렸다. 점점 답답해져만 갔다. 두리번거리며 주위를 살폈지만, 여

전히 택시는 보이지 않았다.

1번 문장은 그저 상황을 표현한 단문입니다. 2, 3, 4번 문장은 1번에 살을 붙여 조금씩 표현을 달리한 것입니다. 비슷한 내용이지만, 각 문장은 보여지는 형태가 다릅니다.

예
1. 출근해 일하고 있는 재희는 자꾸만 따가운 시선을 느꼈다. 눈을 들어 마주한 시선이 하필 영훈이었다. 저 능글맞은 눈빛.
2. 근무 중이던 재희는 자꾸만 따가운 시선에 눈을 들었다. 능글맞은 눈빛의 영훈이었다. 진절머리가 난다.

같은 내용이지만 표현 방식에 따라 느낌을 달리할 수 있습니다.

이 표현력은 크게 대사, 내면 묘사, 분위기 구성의 3가지 요소로 나누어 훈련할 수 있습니다.

대사 쓰기: 인물의 감정과 성격이 드러나는 말

대사는 단순한 정보 전달이 아닙니다. 대사는 인물의 감정, 사고방식, 관계를 압축적으로 드러내는 수단입니다.

① 말투는 인물의 정체성

존댓말/반말, 길게 말하는 스타일/짧게 끊어 말하는 스타일 등.

> 예

"…왔냐?" → 무뚝뚝함.
"그러니까 내가 말했잖아~." → 능글맞음.

② 감정을 말로 설명하지 말고, 말투와 맥락으로

> 나쁜 예

"나 지금 너무 화가 나." → 직접적 감정 표현.

> 좋은 예

"대체 언제까지 나 가지고 장난칠 거야? 그런 식으로 말 돌리지 말고, 똑바로 대답해." → 내재된 화를 분출.

③ 대사의 리듬을 활용한 감정 표현

갈등: 짧고 끊어지는 문장, 반문, 격앙된 표현.

애틋함: 서술이 길어지고, 말줄임표나 시선 묘사가 포함됨.

④ 행동과 함께 묶어 쓰기

대사만 단독으로 쓰기보다 행동이나 표정을 함께 제시하면 장면의 입체감이 살아납니다.

> 예

"…그래서, 나만 바보였던 거야?" 재희는 손을 꽉 움켜쥐었다.

내면 표현: 독자가 '이입'할 수 있도록

내면 묘사는 인물의 감정을 해석하고 정리하는 수단입니다. 대사와 행동으로는 표현되지 않는 진짜 감정, 과거의 상처, 갈등의 핵심을 드러내는 역할을 합니다.

① 내면 독백

감정의 진폭을 보여주는 데 효과적이지만 너무 자주 사용하면 장면의 흐름이 느려질 수 있습니다.

> 예

'왜 이럴까. 그는 분명 싫어해야 하는데, 자꾸만 마음이 흔들린다.'

② 심리적 은유 사용

단순히 화났다, 슬펐다보다 '속이 들끓었다', '심장이 망치질을 하는 것 같았다'처럼 감각적으로 표현합니다.

③ 과거와 연결되는 심리적 실마리 넣기

이는 감정이 왜 지금 터졌는지를 보여주는 장치입니다.

| 예 |

"그날처럼… 또 혼자가 되는 건가."

분위기 살리기: 공간과 감정이 연결되는 묘사

로맨스에서 분위기는 곧 감정의 반영입니다. 특정 장소의 조명, 소리, 공기의 무게감까지 감정과 연결되어야 장면이 살아납니다.

① 공간이 감정을 반영

무거운 갈등 장면 → 비 오는 날, 어두운 실내, 막힌 공간.

설렘 → 따뜻한 햇살, 꽃, 음악, 향기.

② 대사와 배경을 함께 묘사

시각적 분위기 + 대사 톤이 합쳐지면 감정이 강화.

| 예 |

"그래도, 오늘은 웃어줘." 그녀의 목소리 너머로, 벚꽃잎이 흩날렸다.

③ 감정에 맞는 소리, 온도, 색채를 묘사에 포함

불안 → 형광등의 윙윙거림, 차가운 금속 의자, 창백한 회색 벽.

따뜻함 → 잔잔한 클래식 음악, 따뜻한 머그컵의 촉감, 주황빛 커튼.

표현력은 감정을 얼마나 생생하고 정교하게 '설명 없이' 드러낼 수 있는가에 달려 있습니다. 보여주기 방식의 핵심 도구이자, 장면의 '맛'을 살리는 결정적 요소입니다.

현대로맨스처럼 감정 중심 장르에서는
묘사력이 곧 작품의 설득력입니다.

6장

완결까지, 작가의 마지막 손길

1

고치고, 다듬는 힘, 수정과 퇴고

글을 썼다고 해서 끝이 아닙니다. 초고는 단지 시작일 뿐입니다. 어니스트 헤밍웨이Ernest Hemingway의 "모든 초고는 쓰레기다"는 말처럼 완벽한 초고는 없습니다. 완성도 높은 작품은 반복된 수정과 퇴고로 만들어집니다.

그럼, 얼마나 수정하고 퇴고해야 할까요? 누군가는 '이 정도면 됐어'라고 하고, 또 누군가는 '끝없이 해도 끝이 안 보여'라고 이야기합니다. 하지만 끝이 없다면 우리 글은 절대 세상으로 나올 수 없습니다.

원고 수정

장편 웹소설은 집필 도중에도 많은 수정 사항이 발생합니다. 이때 과도한 반복 수정으로 진도가 나가지 않는 상황을 경계해야 합니다. 첫 회차만 붙잡고 계속 고치는 것은 추천하지 않습니다. 실제로 1화만 반복해서 수정하느라 2화까지 쓰지 못하고 포기하는 사람도 봤습니다. 현대로맨스는 기본이 70화입니다. 50화 정도의 글도 있긴 하지만 프로모션을 받지 못하므로 최소 70화를 써야 합니다. 1화에서 머물기엔 갈 길이 멉니다.

그럼 언제 수정해야 할까요?

현대로맨스는 최소 20~25화 이상을 쓴 후 앞으로 돌아가 수정하는 것을 추천합니다. 20화 이상 쓰면 작가도 자신이 만든 인물과 구조를 온전히 이해할 수 있고 작품의 전반적인 흐름을 파악할 수 있기 때문입니다.

무엇을 중점적으로 수정해야 할까요? 다음은 수정할 때 확인해야 하는 항목입니다.

▶ 핵심 수정 항목

① 캐릭터 설정 오류, 사건의 개연성, 전개 속도, 배치 문제 확인.

② 떡밥(복선) 회수 확인: 독자에게 제시했던 설정이 회수되었는가?

③ 인물, 사건, 배경의 정렬 및 흐름 재구성.

▶ 추천 수정 순서

① 전체 줄거리 및 주요 사건 정리.
② 앞뒤 회차 흐름 확인 및 재배열.
③ 필요하면 1화 변경 → 후속 에피소드와 연계성 재확인.
④ 50화 이상 완성 후 다시 후반부 수정.

지나치게 자주 수정하면 오히려 작품에 대한 흥미를 잃고 완결을 못 낼 수도 있습니다. 수정은 단계별로, 타이밍에 맞춰 진행하는 것이 핵심입니다. 또 이때 놓친 부분이나 추가할 사항, 빼야 할 사항이 있는지 확인해서 다시 한번 마인드맵이나 시놉시스를 정리해두면 좋습니다.

이후 다시 25화를 쓴 후 수정하는 방식으로 진행합니다. 즉, 25, 50, 75화 단위로 수정하면 좋습니다. 50화까지 썼다면 26화부터 수정하면 됩니다. 만약 25화씩 쓰고 수정하는 것이 부담되면 20화 단위로 나눠도 괜찮습니다. 그래도 첫 번째 수정은 25화까지 쓴 다음 하는 게 작가가 작품을 온전히 이해하기 좋습니다. 무료 연재 사이트에 올릴 때는 이렇게 25화까지 수정한 뒤 시작합니다.

20화 또는 25화 단위로 수정하며 써 나간 뒤, 마지막에 전체를 수정합니다. 현대로맨스는 회차가 100화 미만이면 완결 후에 단행본이 출간되는 경우가 많으므로 전체 수정을 다 끝냅니다. 100화 이상이면 80화까지 먼저 오픈되므로 최소 80화까지는 수정해두고 이후에는 연재와 수정을 동시에 작업합니다.

퇴고는 그다음 단계입니다.

▶ 수정 체크 리스트

① 주어와 술어가 잘 이어지는지 확인한다.

② 불필요한 표현은 삭제한다.

③ 단문과 복문의 조합이 적절한지 확인한다.

④ 내용 및 구성상의 오류가 없는 문장인지 확인한다.

⑤ 에피소드 간의 연결이 자연스러운지 확인한다.

⑥ 문장 간의 흐름이 매끄러운지 점검한다.

⑦ 작품 전체 개연성에서 벗어난 부분은 없는지 확인한다.

퇴고

수정이 작품의 구조와 설정을 정비하는 작업이라면, 퇴고는 문장 하나하나를 다듬고 흐름을 매끄럽게 만드는 마무리 작업으로, 작가가 '독자의 눈으로 작품을 다시 읽는 시간'입니다. 퇴고는 모든 수정이 끝난 후에 진행합니다.

중요하게 봐야 할 퇴고 사항은 다음과 같습니다.

▶ 핵심 퇴고 사항

① 문장의 자연스러움과 문법 오류 여부.

② 사건의 흐름, 인물 간 관계, 감정선의 일관성.

③ 독자 관점에서 이해할 수 있는지 파악.

▶ 실전 퇴고 팁

① 소리 내어 읽기: 어색한 문장, 논리적 오류를 소리로 감지 가능.

② 시간 두고 다시 보기: 하루 이상 지나고 보면 보이지 않던 오류가 보임.

③ 프린트 또는 전자책 보기 형식으로 시선 전환.

④ 독자 대상 테스트 읽기: 비전문가의 피드백도 유용함.

퇴고의 목적은 '정확한 정보'보다 '감정 전달의 완성도'를 높이는 데 있습니다. 문장 하나하나가 장면 전체에 기여하고 있는지를 확인해야 합니다.

수정과 퇴고는 작가가 스스로의 글에 책임지는 과정입니다. 좋은 작품은 처음부터 잘 쓴 글이 아니라, 끝까지 다듬은 글에서 나옵니다. 실제 교정 단계는 한 번으로 끝나지 않습니다. 많게는 10번 이상도 하지만, 익숙해지면 그 절반으로 줄일 수도 있습니다.

▶ **퇴고 체크 리스트**

① 오타, 맞춤법, 외래어 표기, 띄어쓰기 등 문법적인 요소를 꼼꼼히 확인한다.
② 문장의 주어와 술어가 올바르게 대응하는지 점검한다.
③ 반복되거나 중복된 문장이나 단어가 있는지 확인하고 제거한다.
④ 이야기 전개와 무관한 내용이 포함되어 있는지 확인한다.
⑤ 사건 전개 흐름이 논리적으로 잘 이어지는지 확인한다.
⑥ 독자가 이해하는 데에 추가 설명이 필요한 문장이 있는지 판단한다.

2

데뷔하기: 투고와 연재, 어떤 길을 선택할까?

작품이 완성되었다면, 이제는 세상에 보여줄 차례입니다. 이는 독자와 플랫폼에게 작가 자신을 설득하는 첫 무대이자, 또 다른 창작의 확장입니다.

무료 연재하기

초보 작가라면 무료 연재 플랫폼에서 필명을 꾸준히 노출하면서 독자를 확보하는 것이 출발점이 될 수 있습니다. 현대로맨스에 적합한 무료 연재 플랫폼으로는 네이버 챌린지리그, 조아라, 북팔, 리디북스의 디리토 등이 있습니다.

물론 플랫폼마다 특징이 있기 때문에 네이버는 네이버시리즈, 카카오는 카카오페이지, 조아라, 리디북스의 월간, 주간 랭킹 50위 안의 최신작을 먼저 읽고, 자신이 쓰는 작품에 맞는 플랫폼을 선택하는 것이 좋습니다.

각 사이트에 가입한 뒤, 필명을 정하고 작품을 올리면 됩니다. 물론 작품을 올려도 출간할 수 있는 것은 아닙니다. 연재 중 출판사의 컨택을 받으면 출간될 확률이 높아집니다.

네이버는 챌린지리그로 시작해 베스트리그, 시리즈에디션으로 올라가는 승격 제도가 있습니다. 꾸준히 작품을 올리며 차분히 단계를 밟아도 생각한 것만큼 빨리 올라가지는 않으므로 조급해 하지 않아야 합니다.

작품을 완결해도 컨택받지 못할 수 있습니다. 그렇다고 그 한 작품에만 머물러 있으면 안 됩니다. 그다음 이야기를 구상해 작품을 올리고 독자에게 필명을 지속적으로 노출하는 편이 실망해 있는 것보다 낫습니다.

무료 연재의 장점은 진입 장벽이 낮고, 독자 피드백을 빠르게 받을 수 있다는 점입니다. 반면 작품을 그냥 올리기만 해서는 주목받기 어렵습니다. 꾸준한 연재와 명확한 타깃 독자 설정, 작품 완결까지의 성실한 계획이 필수입니다.

> ▶ 무료 연재 실전 팁

① 매 회차 서사를 밀도 있게 구성하고, 회차 간 갈등의 흐름을 놓치지 말 것.
② 각 플랫폼의 인기 순위 50위 중 최신 작품을 분석해 플랫폼 색깔에 맞추기.

출판사에 투고하기

투고는 단순히 글을 제출하는 과정이 아니라, 작가의 정체성과 글의 매력을 설득하는 마케팅의 시작입니다.

웹소설 출판사는 웹소설 독자라면 어디에서 출간했는지 표지만 봐도 알 수 있을 만큼 개성이 뚜렷합니다. 자신의 글과 성향이 맞는 출판사를 선택하는 것도 중요합니다.

출판사 사이트에 들어가면, 투고를 받는지 아닌지, 투고를 받는다면 언제 투고를 받는지 공지돼 있습니다. 출판사에 따라서는 정해진 양식과 기준이 있기도 하니, 꼭 확인해서 그 양식에 맞춰 보냅니다.

요즘은 신인 작가나 웹소설 지망생에게 문턱이 높아졌지만, 정말 좋은 작품이라면 신인이든 지망생이든 상관없습니다.

출판사에 따라 2주~1개월 이내로 투고 결과가 옵니다. 계약할 작품에만 답을 주는 곳도 있습니다. 거절하는 답과 함께 작품에 대한 피드백을 주는 곳도 있습니다. 피드백은 당연한 것이 아닙니다. 피드백을 받았다면 작품의 잘못된 점을 파악해 수정할 필요가 있습니다.

1) 투고를 위한 사전 준비

① 시놉시스 정리

작품의 줄거리, 주제, 캐릭터, 키워드, 셀링 포인트를 1~2페이지 분량으로 정리합니다.

② 로그라인 구성

작품을 한 줄로 요약한 강렬한 문장을 만듭니다.

예
이혼한 전남편이 더 매력적으로 다가오는 이유는?

③ 키워드 선정

4~5개의 핵심 키워드로 장르적 정체성을 명확히 합니다.

예
#계약결혼, #사내연애, #후회남, #능력녀, #복수

2) 플랫폼별 전략 이해

네이버시리즈, 카카오페이지, 문피아, 리디북스 등의 플랫폼은 저마다 독자층, 선호 장르, 포맷에 따라 요구하는 스타일이 다릅니다.

네이버시리즈: 감정 중심, 직진 로맨스, 스토리 회전 속도 빠름.
카카오페이지: 강렬한 첫 화, 중반 갈등이 클라이맥스 수준으로 치닫는 구도 선호.
문피아/노벨피아: 남성향, 상노 온압 가능성 높음, 차별화된 세계관 환영.
리디북스: 진하고 감성적인 글, 관계 중심 서사 강조.

투고 전, 반드시 해당 플랫폼의 인기 작품을 최소 5~10종 이상 분석하고, 유사 장르와 유사 키워드와의 차별점을 점검해야 합니다.

3) 투고 시 유의 사항

① 1화 임팩트

1화는 작품의 얼굴입니다. 초반 3화의 감정 몰입도, 사건의 긴장감이 중요합니다. 현대로맨스는 1~5화까지 끊임없이 잘 연결되고 몰입도가 높아야 합니다.

② 투고 포맷 통일

각 플랫폼 혹은 출판사의 가이드라인에 맞게 파일 형식, 제목과 본문 분리, 문단 구성 등을 갖춥니다.

③ 메일 제목

작품 제목과 작가 이름을 표시하는 등 성의 있는 제목을 작성합니다.

예

[현대로맨스 투고] 《전남편이라서 더 좋아》 - 마미 작가

4) 투고 후 준비 사항

① 수정 가능성 대비

원고에 대한 피드백이 올 경우 유연하게 수용하며 수정할 마음의 준비

를 합니다.

② 동시 투고 여부 확인

일부 플랫폼은 동시 투고를 금지하므로 유의합니다. 다른 플랫폼에 투고하기 전에 한 번 더 확인합니다.

③ 포기하지 않기

한두 번 거절당해도 여러 번 투고하며 문장의 밀도와 전략을 보완하는 것이 중요합니다.

공모전 참가하기

각 플랫폼과 출판사에서 주관하는 다양한 공모전이 있습니다. 대표적으로는 네이버 지상최대공모전, 카카오페이지, 리디, 문피아의 공모전 등이 있습니다.

공모전용 원고는 플랫폼 연재용 원고와 다르게 작성해야 합니다. ① **명료한 한 줄 요약**, ② **초반 갈등의 압축**, ③ **대중성과 참신함의 균형**이 필요합니다.

초보 작가나 지망생에게 공모전만큼 좋은 곳은 없습니다. 하지만 현대로맨스는 공모전 작품과 각 플랫폼의 특징을 동일시하면 안 됩니다. 공모전은 공모전만의 특색이 있습니다.

그래서 기존의 플랫폼 스타일과는 약간 다른 방식을 접목한 작품이 좋습니다. 그렇다고 너무 마이너한 형태를 집어넣는 것은 좋지 않습니다.

대중성 확보하면서 참신함을 살짝 가미하는 정도가 가장 좋습니다.

마무리하며

나만의 세계를 그리는 힘

현대로맨스는 가장 현실적인 이야기 속에서 가장 간절한 판타지를 만들어내는 장르입니다.

이 장르의 힘은 단순한 로맨스에 머무르지 않고, 그 안에 감성, 관계, 성장, 치유, 꿈을 담을 수 있다는 데 있습니다.

글을 쓴다는 것은 결국 세상에 단 하나뿐인 세계를 만드는 일입니다. 그리고 그 세계를 믿고 끝까지 밀어붙이는 용기가 바로 작가의 시작입니다.

이 책을 읽은 여러분이 언젠가 누군가의 밤을 지켜주는 이야기, 누군가의 가슴을 두근거리게 하는 문장을 가진 작가가 되길 진심으로 바랍니다.

이제, 여러분의 이야기를 시작할 시간입니다.

부록

| Q | 웹소설 쓰는 법을 배우고 싶어요.

| A | 웹소설 관련 작법서를 읽으면 장르별 문법, 키워드 조합, 캐릭터 유형에 대한 이해를 높일 수 있습니다. 초창기에는 웹소설 정보를 찾기가 어려웠지만, 현재는 웹소설 관련 책이나 작법서가 다양합니다. 웹소설 관련 책은 웹소설의 기본 구성, 클리셰, 인물 설정, 회차별로 내용 및 흐름을 설명해주고, 작법서의 경우는 웹소설 장르에 맞춰 글을 쓰는 방식을 알려줍니다. 책 한 권만으로 다 알 수는 없겠지만, 기본적인 지식을 익히기 좋습니다.

또한 웹소설 관련 강의도 많습니다. 장르를 나눠서 강의하는 곳도 있고, 웹소설 전반을 강의하는 곳도 있습니다. 강의를 통해 우리는 해당 강사나 작가가 어떤 스타일로 글을 쓰는지 배웁니다. 그러므로 자신이 쓰고자 하는 장르의 강사를 찾는 것이 좋습니다.

대학에서도 웹소설을 가르칩니다. 전문적으로 기초를 탄탄히 하고 글을 쓰고 싶다면, 좋은 방법이기도 합니다.

물론 가장 좋은 것은 인풋입니다. 쓰려는 장르 인기작을 읽고 구성과 캐릭터 설정이 어떤지 스스로 터득하는 것이 가장 빠른 방법입니다.

Q   자료를 어디서, 어느 정도나 찾아야 하나요?

A 작품에 등장하는 인물, 배경, 설정 등은 현실감과 설득력을 갖춰야 합니다. 작가가 충분한 정보 없이 글을 쓰면, 설정 오류가 발생하거나 독자의 몰입을 방해할 수 있습니다. 따라서 중요한 설정이나 배경에 대한 기본적인 자료 조사는 반드시 해야 합니다.

그렇다고 설정에만 치중해서 글을 쓰기도 전에 힘을 빼서는 안 됩니다. 그럼 정보는 어떻게 조사해야 할까요?

1) 작품과 밀접한 정보에 집중하기

모든 정보를 다 조사할 필요는 없습니다. 핵심이 되는 설정, 장르적 특성, 이야기의 중심이 되는 장면과 배경에 우선순위를 둡니다. 시대성과 배경을 고려해 설정의 리얼리티를 확보하는 것이 핵심입니다.

예를 들어 오피스물이라면 무역회사, 스타트업, 대기업, 엔터테인먼트 회사 등 구체적인 업종을 설정하고, 해당 기업의 홈페이지에서 조직도, PR 자료, CEO 인터뷰 등을 참고해 직장 내 위계 구조, 조직도, 회의 문화 등을 중심으로 조사합니다. 과거에는 대리-과장-차장-부장 순의 직급 체계를 기본으로 활용했지만, 최근에는 직급보다 역할 기반 직책이나 직무 중심 조직이 늘어나고 있습니다.

　엔터테인먼트 회사를 배경으로 한 작품이라면 실제 연예기획사의 조직도나 보도자료를 참고해 매니지먼트 부서, 홍보 부서, 연습생 관리 시스템 등을 묘사하면 리얼리티가 살아납니다.

　고급 레스토랑 장면을 쓰고 싶다면, 미슐랭 레스토랑 후기를 참고해 코스 순서, 접객 방식, 분위기를 이미지화할 수 있죠.

　직접 경험하기 어려운 음식, 패션, 자동차 등은 브랜드 사이트, 후기 블로그, 유튜브 콘텐츠, 백화점 상품 설명 등을 활용합니다. 다만, 상품명을 그대로 쓰기보다는 분위기나 인상으로 묘사하는 것이 좋습니다.

2) 실질적인 조사 방법 예시

설정 유형	조사 방향	조사 방법 및 출처 예시
회사 및 오피스물	조직 구조, 부서별 역할	기업 공식 홈페이지, PR 보도자료, 채용 공고, 유튜브 기업 브이로그 등
의료물	응급 상황, 병원 시스템	의학 블로그, 유튜브 응급실 브이로그, 대한응급의학회 자료, 전문의 칼럼, 실제 응급처치 지침 등

디저트 및 음식	원산지, 질감, 맛 표현	파티시에 인터뷰, 맛집 블로그, 백화점 메뉴 설명 등
패션 및 의류	브랜드 이미지, 디자인 포인트	브랜드 룩북, 제품 리뷰, 유튜버 착장 콘텐츠 등
자동차	외형, 소리, 기능 묘사	브랜드 홈페이지, 시승기 블로그, 영상 리뷰 등

자료 조사는 단순한 정보 습득이 아닌, 독자의 공감을 받고자 설정을 강화하는 작업임을 기억하세요.

3) 현실 기반 설정 : 작가의 경험을 모델로 삼기

작가가 처한 현실을 글 속 세계의 기반으로 삼는 것도 매우 유용한 전략입니다.

현재 회사원이라면 자신의 직장을 모델로 하거나, 과거 아르바이트 경험이 있다면 그 경험을 활용해 설정을 풍부하게 만들 수 있습니다. 학생이라면 학교 생활을 중심으로 한 캠퍼스물, 작가 지망생이라면 작가 캐릭터가 등장하는 메타로맨스도 훌륭한 소재가 될 수 있습니다.

4) 묘사와 정보의 균형

자료 조사는 독자를 설득하는 기반이 되지만, 모든 정보를 과하게 글로 설명해서는 안 됩니다. 중요한 것은 '느낌을 살리는 묘사'입니다. 설명이 아닌, 독자가 '상상하고 느낄 수 있는 방식'으로 정보를 녹여내야 합니다.

> **예**
> 시곗바늘이 쨍한 쇳소리를 내며 돌아갔다. 미팅이 끝나고, 조용한 회의실 안에서 그 소리만이 그녀의 긴장을 더욱 조여왔다.

'미팅', '회의실'처럼 한두 개의 정보만으로도 전체 분위기를 암시할 수 있습니다. 정보는 감정을 살리는 장치로 활용되어야 합니다.

Q | 제가 쓰는 모든 글이 항상 비슷한 것 같아요.

A 초고를 보다 보면 작가의 언어 습관이 고스란히 묻어날 때가 많습니다. 또한 급하게 쓴 글은 사용하는 단어가 한정적인 경우도 많습니다. 이런 경우 글이 비슷비슷하게 느껴질 수 있습니다.

이런 한정적인 언어 사용을 극복하려면 어떻게 해야 할까요? 설마 우리가 다른 단어를 몰라서 한 단어만 쓰는 걸까요?

그건 아닙니다. 그저 그 단어를 자주 사용하지 않았기 때문입니다. 알고 있어도 쓰지 않으면 내 것이 될 수 없는 법입니다.

표현의 한계가 느껴질 때 제가 사용하는 방법을 소개합니다. 바로 '나만의 단어장 만들기'입니다.

영어 단어장이 모르는 단어를 열심히 외우게 해줬다면, '나만의 단어장'은 단어를 활용하게 해줍니다. 우리가 자주 사용하는 단어와 유사한 언어를 골라 그 단어를 넣고 문장을 만들어보는 것입니다. 때론 이런 문장을 실제 제 작품에 옮겨 쓰기도 합니다.

제 단어장에서 발췌한 단어와 문장을 예시로 보여드리겠습니다.

예

망상 / 착각 / 오해 / 장애

비슷한 느낌이 드는 단어들을 연결해본 것입니다. 이런 단어를 넣고 문장을 만들어보기도 합니다.

예

그는 자신의 망상이 현실이라고 굳게 믿었다. 그로 인해 타인의 조언도 단순한 착각쯤으로 치부해버렸다.
단순한 오해에서 시작된 갈등은 결국 서로를 향한 깊은 착각과 불신으로 이어졌다.

그 외에도 언젠가 글에 쓰고 싶은 문장을 적거나 단어를 활용해 문장을 만들어두기도 합니다. 그 단어를 활용해 글을 쓰면 어떤 느낌일지 사용해보는 것이죠.

> **예**
> 사랑이 온다, 나도 모르게.
> 내가 지금 걱정하는 건 바로 너야.
> 소중한 너라서 내 모든 신경이 널 향해 있어.
> 네가 상처받는 거 싫어. 너에게 상처 줄 수 있는 사람은 아무도 없어. 나 말고는.
> 특별함, 대신할 수 없는.
> 불가능을 넘어서.

작가가 자주 쓰지 않는 단어는 글 속에 잘 표현되지 않습니다. 그래서 단어장에 그 단어를 넣은 문장을 만들거나 언젠가 쓰고 싶은 문장을 정리해두면 글을 쓸 때 쉽게 생각납니다. 다양한 단어를 알수록 표현이 다채로워집니다. 나만의 단어장 만들기는 실제 잘 쓰지 않는 단어도 잘 쓸 수 있게 하는 과정입니다.

Q 이야기의 라인이란 무엇인가요?

A 제가 웹소설 강의를 할 때 이야기에는 저마다의 라인이 있다고 설명합니다. 한번 예를 들어보겠습니다. 다양한 라인을 보여드리려고 현대로맨스, 로맨스판타지를 가리지 않고 살펴보겠습니다.

북부 대공이라는 단어에서 무엇이 연상되나요?

북부 = 추운 지역. 북부 지역의 추운 겨울이 제일 먼저 떠오를 겁니다. '대공'은 겨울에 걸맞게 차가운 성격을 가진 소유자라는 느낌이 듭니다. 하지만 여자 주인공에게만큼은 댕댕이 같을 수도 있고, 또는 소유욕이 아주 많은 사람일 수도 있습니다.

또 추운 지역이니 땅은 척박할 것이고 곡물이나 식량이 부족할지도 모릅니다. 그런데 이런 지역이 잘산다면, 그곳에 무언가가 있다는 뜻일 테고, 그건 바로 광산이겠죠. 로맨스판타지라면 광물 광산이나 마법에 쓰이는 마정석 광산이 되겠죠. 그래야 부족한 곡물을 충당할 수 있을 테니까요.

그리고 보통 이런 지역은 수도에서 떨어져 있어서 대공이 직접 기사들과 변방에 나가 마물을 퇴치합니다. 그래서 검을 상당히 잘 다루죠.

냥이와향신료 작가님의 《남편을 내 편으로 만드는 방법》, 시야 작가님의 《녹음의 관》, 레몬수박 작가님의 《북부 대공 부인, 추워서 못 하겠습니다》 등이 북부라는 특색을 이야기에 접목한 웹소설입니다.

악녀는 어떤가요?

보통 악녀는 악한 행동을 하는 사람이지만, 주인공이 악녀인 경우는 빙의나 회귀한 상태이니 성격이 기존과 꽤 다릅니다. 상당히 화려하고 아름다운 외모라서 빙의한 주인공이 꽤 마음에 들어 하기도 하지요.

악녀의 성격이 안 좋은 이유는 주로 가족이 원인이며, 주변 사람들은 악녀가 어떤 일을 하든 전혀 기대하지 않습니다. 그래서 악녀가 된 주인공은 일이나 사업을 할 때 과감하게 선택해 비교적 좋은 결과를 얻고, 그녀에게 기대하지 않았던 사람들의 시선을 끌기도 하죠. 또 '원래 그런 사람'이라는 점을 이용해 타인 앞에서 당당하게 행동할 수 있습니다.

악녀의 몸에 빙의된 캐릭터는 절대 기존 악녀만큼 못된 인물이 될 순 없습니다. 그러나 악녀에게 빙의된 순간, 뭐든 마음대로 하거나 혹은 굴레로부터 벗어날 수 있다는 특권을 갖게 됩니다. 또한 그녀의 매력을 더 발하는 이야기가 될 수도 있습니다.

한이림 작가님의 《악녀는 마리오네트》, 망고킴 작가님의 《악녀라서 편하고 좋은데요?》, 사월생 작가님의 《악녀를 죽여 줘》 등의 작품이 있습니다.

피폐물 하면 떠오르는 작품이 있나요?

저는 한민트 작가님의 《악녀는 두 번 산다》가 제일 먼저 떠오릅니다. 피폐물은 상당히 끈적끈적하고 어두운 글체가 어울리다 보니 그만한 특색이 없으면 쓰기 힘든 장르 중 하나입니다.

그래도 BL을 제외한 여성향 장르는 해피엔딩을 추구하기 때문에 로맨스 독자는 피폐물 형태여도 해피엔딩으로 끝나는 이야기를 기대합니다. 그 과정에서 얼마나 힘든 여정이 있을지, 얼마나 아파해야 할지가 독자의 기대에 맞아야 하죠. 후회했던 과거에서 벗어나고, 과거의 안 좋았던 자신의 실수를 만회하며, 새로운 삶을 선택했을 때 스스로 견뎌야 하는 시련도 꼭 등장합니다.

이번엔 **육아물**을 한 번 볼까요?

생각만 해도 절로 미소가 나오는, 귀염뽀작한 아이가 나오는 이야기입니다. 육아물은 회귀, 빙의, 환생의 대표적인 작품입니다. 주인공의 육체는 아이지만 정신은 어른이기 때문에 애어른 같은 모습으로 그려집니다. 또 사랑받거나 어떤 목적을 위해 억지로 애교를 부리기도 합니다.

이런 육아물에는 가족, 특히 아버지의 사랑이 많이 등장합니다. 무뚝뚝한 아버지의 사랑은 마치 츤데레 같죠. 또 이야기의 중점에 주인공의 '성장'이 있습니다. 여성향 중에서 성장에 가장 많은 부분을 투자하는 작품군이기도 합니다. 그래서 독자는 애어른 같은 주인공이 앞으로 얼마나 행복해질지, 아니면 어떻게 삶을 잘 풀어나갈지 기대합니다. 또 현대적 사고방식이나 문물이 얼마나 잘 접목이 되어 있는지 보는 재미도 있습니다.

육아물의 시초가 바로 윤슬 작가님의 《황제의 외동딸》일 것입니다. 그리고 김로아 작가님의 《이번 생은 가주가 되겠습니다》, 마루별 작가님의 《무림세가 천대받는 손녀딸이 되었습니다》, 솔땀 작가님의 《무협지 최고 악당의 귀한 딸입니다》, 마루별 작가님과 솔땀 작가님의 작품은 육아물에 무협로맨스 요소를 결합했다는 공통점이 있습니다.

그 외에 **폭군**, **흑막**이라는 키워드의 라인은 어떨까요?

둘 다 꽤 무서운 남자 주인공 설정이지만, 남주가 여자 주인공에게 빠져드는 과정이 재미있는 설정이기도 합니다.

앞서 본 **악녀**처럼 폭군이나 흑막도 나쁘게 끝나지 않습니다. 주인공의 의도와는 상관없이 그들은 주인공에 빠져 헤어나지 못하고, 독자는 그들이 주인공 덕분에 어떻게 변화해가는지를 기대합니다.

폭군, 흑막하면 떠오르는 작품에는 하일라 작가님의《폭군에게 예의를 가르칩니다》, 유이란 작가님의《폭군에게는 악녀가 어울린다》, 유소이 작가님의《폭군을 길들이고 도망쳐버렸다》, 율지 작가님의《흑막 남편과의 이혼에 실패한 것 같다》, 이이리 작가님의《흑막을 치료하고 도망쳐버렸다》등 많은 작품이 있습니다.

현대로맨스나 로맨스판타지에서 자주 등장하는 **정략결혼**, **계약결혼**에도 라인도 있습니다.

이혼을 전제로 함께하다 서로에게 끌리고, 결국 진짜 사랑에 빠진다는 점이 주된 라인입니다. 그런데 왜 여성향 로맨스에 정략결혼, 계약결혼이 자주 등장하는지 생각해보신 적이 있나요? 바로 '남녀 두 주인공'이 등장하기 때문입니다. 이 둘을 강제적으로 한 공간에 붙어 있게 만드는 데는 이보다 더 좋은 설정이 없습니다.

윤쏨 작가님의《장난감 계약》, 너나클 작가님의《밤 계약》, 빵양이 작가님의《결혼 계약》, 이다홍 작가님의《완벽한 부부는 없다》등이 있습니다.

자, 이렇게 이야기에는 라인이 있습니다. 우리가 만든 캐릭터도 이 라인을 따라갑니다. 어떤 이야기 라인을 따를 것인지에 따라 우리는 이야기의 흐름을 탈 수 있습니다. 이 흐름에는 독자들이 기대하는 이야기 전개 과정과 사건을 풀어가는 방식이 어느 정도 정해져 있습니다. 이것이 우리가 말하는 '클리셰'입니다.

하지만 아무리 클리셰여도 작가들은 저마다의 라인을 타고 서로 다른 이야기를 만들어냅니다. 이야기의 라인을 따르거나 약간 비틀면서 나만의 새로운 이야기를 쓸 수 있습니다.

Q 알아두면 유용한 문장 부호가 있나요?

A 정해진 것은 아니지만 다음과 같은 문장 부호를 알고 있으면 대화, 생각, 통화 등 여러 상황을 쉽게 구분할 수 있습니다.

대화는 큰따옴표(" ")
생각은 작은따옴표(' ')
통화는 줄표(-)
회상은 대괄호([ ])

웹소설 독자는 보통 핸드폰으로 읽습니다. 독자마다 핸드폰의 종류와 설정이 다르니 정확한 것은 아니나, 한글이나 워드를 문고판A6, 105×148㎜으로 설정하면 핸드폰에서 어떻게 보일지 대략적으로 파악할 수 있습니다.

저는 원고 작성 시 화수마다 쪽을 나눈 후, 상단에 화수와 소제목을 꼭 적어줍니다. 그 2~3줄 아래에서 본문을 쓰기 시작합니다.

시점이나 장소가 변화할 때는 행간을 띄우고, 사건 혹은 장면이 바뀔 때는 '＊＊＊'을 넣어 구분해줍니다. 연재 시에는 독자들이 편히 볼 수 있도록 지문과 대사 사이의 행간을 띄우지만, 작가가 원고를 작성할 때는 굳이 그렇지 않아도 됩니다.

Q 연재를 계속할지 중단하고 새 작품을 쓸지 고민이에요.

A 여러 이유로 고민하고 있겠지만, 사실 연재 중단은 좋은 선택이 아닙니다. 웹소설은 완결까지 쓰는 게 중요하니까요. 그래도 다시 쓰지 않을 작품이라면 빠르게 마무리하는 것이 좋습니다. 다만, 연중했다가 다시 돌아올 생각이라면 최소 100화 이상의 작품이어야 합니다.

Q 글을 쓸 때 필요한 장비가 뭐가 있을까요?

A 데스크탑으로 쓰는 게 가장 편하긴 합니다. 하지만 노트북, 패드, 휴대폰으로 쓴다고 해서 나쁠 건 없습니다. 자신이 편하게 쓸 수 있는 게 가장 좋겠죠.

그중 가장 중요한 건 키보드라고 볼 수 있습니다. 워낙 다양한 키보드가 많겠지만, 작가는 손가락을 많이 움직이기 때문에 가벼운 키감인 30~35g 정도의 키압을 가진 제품이 가장 좋다고 생각합니다. 물론, 이 또한 작가 자신이 가장 쓰기 편한 제품으로 선택하면 됩니다.

대신 오래 사용해야 하니 손목에 무리가 가지 않도록 받침대를 해주면 좋습니다.

Q 요즘 가장 핫한 AI 활용, 어디까지 가능할까요?

A 작가는 자신의 글을 쓰는 사람입니다. AI가 작가 본인만큼 특색 있고 감정이 살아 있는 글을 써주지는 않습니다. 그러므로 소설을 쓸 때는 AI에 의존하는 것이 아니라 보조적으로 활용해야 합니다.

AI를 활용하는 방법은 여러 가지입니다. 가령 주인공 이름을 짓는 게 어렵다면 작명하는 데 도움을 받을 수 있습니다. 인물을 AI로 이미지화해보면 머릿속으로만 생각했던 것보다 더 명확하게 상상할 수 있습니다. 그 외 다양한 자료를 조사하거나 단어를 찾는 데 도움을 받을 수 있습니다.

Q 꾸준히 글을 쓰게 해주는 마미 작가의 루틴은?

A 저는 오랫동안 겸업을 해왔고, 보통 본업을 하는 시간과 글을 쓰는 시간을 구분하는 편입니다. 물론 2가지를 동시에 하는 것이 쉬운 일은 아닙니다. 하지만 나름 익숙해지면 2가지를 잘 이끌어 나갈 수 있습니다.

저는 최대한 저녁 시간을 활용합니다. 저녁 2시간 정도는 무조건 글을 쓰려고 하죠. 이 루틴을 언제나 지킬 수 있는 건 아니지만 최대한 지키려고 노력합니다. 일을 하지 않을 때는 글을 쓸 수 있는 시간을 더 늘리거나 써야 할 글의 양을 늘립니다. 만약 아침에 1편을 썼다면 오후에 1편을 씁니다. 최소 하루에 2화 정도의 분량을 쓰는 것이 목표입니다. 매일 이렇게 쓰면 좋겠지만 그렇지 못했을 땐 최소 일주일, 최대 한 달로 기간을 정한 뒤 써나갑니다.

저녁에 글을 쓰기 전이나 쓴 후에는 꼭 걷거나 간단한 스트레

칭으로 몸을 풀어주는 것이 좋습니다. 최대한 저도 그렇게 하려고 노력하고 있습니다. 또 2시간 간격으로 일어나 움직이려고 합니다.

"주인공이 원하는 것은 무엇이고,
그것을 방해하는 것은 무엇인가?"

이 질문의 답이 각 사건과 장면, 에피소드의
방향을 결정짓는 힘이 됩니다.